Anita Hermann-Ruess

Highlight-Rhetorik

Anleitung zur Emotionalen Rhetorik mit 70 Highlights

Paul und Max gewidmet, meinen Highlights

Danksagung

Dem besten Mitarbeiter, den sich eine Autorin für ein Projekt wünschen kann, Maximilian Ott. Danke für kreative Impulse, für konstruktive Kritik, fürs Mitdenken und -schreiben, für die akkurate Recherche und Analyse und für die vielen Beispiele, die Eingang in die Highlights gefunden haben.

Anita Hermann-Ruess

Highlight-Rhetorik

Anleitung zur Emotionalen Rhetorik
mit 70 Highlights

GABAL

Bibliografische Information der Deutschen Nationalbibliothek

Die Deutsche Nationalbibliothek verzeichnet diese Publikation in der Deutschen Nationalbibliografie; detaillierte bibliografische Daten sind im Internet über http://dnb.d-nb.de abrufbar.

ISBN 978-3-86936-120-8

Lektorat: Friederike Mannsperger
Umschlaggestaltung: Martin Zech Design, Bremen, www.martinzech.de
Illustrationen: Maximilian Ott
Satz und Layout: Da-TeX Gerd Blumenstein, Leipzig, www.da-tex.de
Druck und Bindung: Salzland Druck, Staßfurt

www.gabal-verlag.de

Abonnieren Sie den GABAL-Newsletter unter:
newsletter@gabal-verlag.de

Inhalt

Teil III

Emotionale Verstärkung durch rhetorischen Feinschliff

Vorwort

Liebe Leserin, lieber Leser!

Ich weiß nicht, was Sie beruflich machen, was Sie herstellen, was Sie verkaufen, was Sie konzipieren. Ich weiß jedoch, dass Sie Ihre Produkte, Ihre Meinungen und Ihre Konzepte anderen vermitteln wollen. Ich weiß, dass es für Sie wichtig ist, sich selbst und Ihre Leistungen so darzustellen, dass Ihr Kunde, Ihr Vorgesetzter oder Ihr Publikum davon beeindruckt ist.

Leistung in passende Worte kleiden

In meiner langjährigen Arbeit als Rhetorik-Trainerin habe ich oft erlebt, wie schwer es den meisten fällt, die richtigen Worte zu finden, kraftvolle Sätze zu formulieren, Menschen zu berühren und zu bewegen. Bemerkenswert ist auch die Tatsache, dass gerade denjenigen, die Top-Leistung bringen, die gute Produkte haben oder zukunftstaugliche Ideen – dass gerade denen das Verpacken und Verkaufen des Angebots besonders schwerfällt. „Soll doch die gute Leistung für sich sprechen" – so ihr Tenor in den Rhetorikseminaren.

Ich habe dieses Buch für all diejenigen geschrieben, die wissen wollen, wie sie Menschen besser erreichen können, die genau erfahren wollen, wie sie Inhalte überzeugend formulieren, wie sie komplexe Sachverhalte auf den Punkt bringen, wie sie so vortragen, dass sie die Zuhörer in ihren Bann ziehen. Dabei ist es nicht wichtig, was Sie beruflich machen. Denn egal auf welcher Position Sie stehen: Mit guter Rhetorik kommen Sie auf jeden Fall immer einen Schritt weiter.

Botschaften beim Publikum verankern

Rhetorische Kompetenz ist eine Schlüsselkompetenz. Je austauschbarer die Inhalte werden, umso wichtiger wird die herausragende Inszenierung der Inhalte. Je mehr Botschaften täglich auf uns einprasseln, umso wichtiger wird es, die Botschaften so zu verankern, dass sie bleibenden Eindruck hinterlassen und positiv nachwirken.

Ein inspirierendes Nachschlagewerk

Die meisten wissen, wie man einen Vortrag oder eine Präsentation hält. Die wenigsten wissen aber, wie man Zuhörer beeindruckt und wie man sie mitreißt. Und noch weniger trauen sich selbst Kreativität zu. Das Anliegen dieses Buches ist es, ein inspirierendes Nachschlagewerk zu schaffen, mit dem Sie in Sekundenschnelle Highlights für Ihre Rede oder Ihren Text finden. Sie erhalten kreative Ideen, praktische Tipps und Beispiele, um glanzvolle Akzente zu setzen.

Ich habe das zugrunde liegende Konzept „Emotionale Rhetorik" genannt. Emotionale Rhetorik wird der biologischen Tatsache gerecht, dass nur Emotionen Botschaften wirklich in uns verankern. So will es unser evolutionäres Programm. Was uns emotional nicht berührt, wird uns nie erreichen. Nur was uns emotional ergreift, hat eine Chance, unsere Aufmerksamkeit zu erlangen. Die Gehirnforschung beweist, was wir schon immer ahnten: Emotionen sind die wahren Entscheider und Lenker unseres Denkens und Handelns. Nur Botschaften, die zu einer starken Ausschüttung von Botenstoffen und Hormonen führen, haben eine Chance uns zu erreichen, zu berühren und zu bewegen. Emotionale Rhetorik auf den Punkt gebracht bedeutet: Lass mit deiner Botschaft Botenstoffe sprudeln! Kurble mit deinen Worten die Produktion von Antriebs- und Glückshormonen an!

Rhetorische Highlights

Die rhetorischen Mittel, mit denen Sie diese Wirkung erzeugen, heißen in diesem Buch „Highlights". Unter Highlights verstehe ich alle Zeichen und Botschaften in einer Rede, die die Treffsicherheit und Kraft haben, im Publikum die gewünschten emotionalen Reaktionen zu erzeugen. Fündig wurde ich auf der Suche nach den wirkungsvollen Mitteln erstens in der universitären Disziplin der Rhetorik, die ich studiert habe, mit ihren Sammlungen von Wirkfiguren von der Antike bis in die Gegenwart. Zweitens habe ich als Rhetoriktrainerin und Redecoach schon viele Präsentationen und Vorträge gesehen, bewertet, optimiert, neu produziert und natürlich selbst gehalten. Im Training und Coaching habe ich die exklusive Möglichkeit, mit meinen Teilnehmern manchmal staunend zu erleben, welch große Wirkung kleine Änderungen haben. Ein treffenderes Wort, eine überzeugendere Demonstration, ein lebendigeres Körperbild – und die Wirkung potenziert sich. Und drittens saß ich oft als Teil des Publikums, als ganz normale Zuhörerin, im Publikum – mal gelangweilt, mal interessiert, mal fasziniert. Was mich erreichte, berührte, erfreute, begeisterte und überzeugte fand Eingang in diese Sammlung der Highlight-Rhetorik-Tools. Sie erhebt keinen Anspruch auf wissenschaftliche Systematik, sondern soll ein praxisnaher und nützlicher Helfer sein für alle, die eine Rede halten und sicher sein möchten, dass sie wirklich beim Publikum ankommt.

Sind Sie bereit, eine neue Stufe in Ihrer rhetorischen Entwicklung mit mir gemeinsam zu gehen? Sind Sie bereit, Menschen emotional zu berühren und sie für Ihre Sache zu gewinnen? Dann freue ich mich, Sie auf dieser spannenden Reise in die Welt der Rhetorik zu begleiten. Die erste Station führt uns zu den Geheimnissen herausragender Redner und Rednerinnen.

Teil I

Emotionale Highlight-Rhetorik

Geheimnisse erfolgreicher Redner

1. Rhetorische Basis und Brillanz

Eine wahre Geschichte von der Messe

Die Welt ächzt unter der größten Krise der letzten Jahrzehnte. Gemeinsam mit einem Kunden besuche ich eine Messe. Graues Nieselwetter, matschige Parkplätze und missgelaunte Gesichter empfangen uns bei unserer Ankunft. In den Hallen typische Messeatmosphäre. Die Besucher schlendern langsam durch die Gänge. Wir haben uns im Vorfeld auf einige Vorträge geeinigt, die uns interessieren. In freudiger Erwartung nehmen wir Platz, richten unsere Blicke gebannt auf den Redner und schalten unser Gehirn auf Top-Aufmerksamkeit. Wenige Minuten später hat das Bild sich komplett geändert. Vorne plätschert ein mittelmäßiger Vortrag mit vielen Folien dahin. Der Vortragende kennt die rhetorischen Basics. Er hat bestimmt Seminare besucht und Bücher gelesen. Aber der Funke will nicht überspringen. Er erreicht uns nicht wirklich. Er kann uns nicht emotional abholen.

Blasse Bilder, kraftlose Sätze und langweilige Formulierungen

Seine Bilder sind blass, seine Sätze kraftlos und seine Formulierungen langweilig. Die Zuhörer sinken in ihre Stühle, die Blicke werden glasig. Einige verlassen dezent mit einem entschuldigenden Blick auf die Uhr das lauwarme Geschehen. Wir schließen uns dieser Gruppe an und hoffen in Halle 3 auf Besserung, schließlich kündigt der Katalog den Redner als „exzellenten Keynote Speaker" an. „Er ist nicht schlecht. Er ist aber auch nicht wirklich gut!", flüstert mein Kunde mir zu, während wir eine PowerPoint-Folie nach der anderen anschauen. Gut gemachte natürlich. Der Keynote Speaker wirkt neben den großen Folien ganz klein dort oben auf dem Podium. Immerhin hören wir ihm zu, wir nicken auch hin und wieder – doch heute, während ich diese Zeilen schreibe, weiß ich nicht mehr, wer er war und worum es ging. Viele andere, ähnlich gut gemachte Vorträge haben seinen überlagert. Es gab nichts Herausragendes, kein Aha-Erlebnis, kein „Wow – wer hätte das für möglich gehalten?". Nichts, womit er unser wählerisches und anspruchsvolles Konsumentengehirn verführen konnte. Immerhin bleiben wir bis zum Schluss, wir klatschen … und wir ziehen weiter. Der Vortrag hat keine Spuren hinterlassen. Er hat uns nicht verändert und nicht bewegt. Der Referent hat trotz guter Inhalte und solider Präsentation sein Ziel verfehlt.

Eine virtuose Rednerin

Plötzlich hören wir viele lachende Menschen, wir hören eine dynamische und sympathische Stimme, wir hören spontanes Klatschen. Da müssen wir hin! Endlich Freude, Lebendigkeit und Aktion. Wir betreten Halle 4 und sehen eine riesige Menschentraube um einen winzigen Stand. Die Rednerin ist vor lauter Zuhörern nicht zu sehen. Immer mehr Menschen kommen und recken ihre Hälse, um auch nur ein Zipfelchen von dieser euphorischen Stimmung mitzubekommen. Die Gesichter der Zuhörer strahlen, ihre Augen leuchten und ihre Körper sind der Rednerin zugewandt und aufgerichtet. Wie Schwämme saugen sie ihre Worte auf. Alle sind ganz im Hier und Jetzt. Mal steigert die Rednerin ihre Glaubwürdigkeit durch Zahlen, Studien und interessante neue Inhalte, um dann wieder die Seelen ihrer Zuhörer zu berühren mit nachdenklichen Passagen und leisen Tönen.

Die Klaviatur der Gefühle und Stimmungen

Das Publikum ist Teil ihres Vortrags. Steife Messebesucher ziehen ihre Jacketts aus, probieren die Botschaften selbst aus, tauschen sich mit ihren Nachbarn über das Erlebte aus. Mal leise, dann laut, mal lustig, dann nachdenklich, mal besorgt, dann ermutigend spielt die Rednerin auf der Klaviatur der Gefühle und Stimmungen. „Fühlen Sie das auch?", fragt mich mein Kunde, „das hier ist eine ganz andere Energie! Als ob es keine Krise gäbe!" Der Applaus zum Schluss ist tosend, und keiner will gehen. Noch lange nach Ende ihres Vortrags stehen die Zuhörer in kleinen Grüppchen in bester Stimmung an ihrem Stand. Sie tauscht sich angeregt mit ihnen aus, viele fragen nach ihrer Visitenkarte und etliche sogar nach Terminen.

Dieser Messeauftritt hat sich nachhaltig gelohnt. Die Anbieterin hat mit minimalen Mitteln das Maximum herausgeholt. Es gab keinen teuren Stand, keine teure Rednergebühr, keine teuren Beamer, kein teures Notebook, kein teures Businesskostüm, keine teuren Broschüren. Sie hat sich ganz auf die Macht ihrer Worte verlassen und darauf, dass sie die Menschen mit ihnen erreichen und gewinnen kann. Ein Vortrag, der nichts kostet, hat die Köpfe und Herzen ihrer Zielgruppe erreicht. Die Anbieterin hat sich auf das konzentriert, was maximalen Erfolg bringt. Sie hat sich auf einen rhetorisch brillanten Auftritt konzentriert. Und der Coup ist ihr gelungen.

Mit minimalen Mitteln maximalen Ertrag

Gute Rhetorik ist kostenlos und extrem wirkungsvoll. Gute Rhetorik unterscheidet sich von mittelmäßiger dadurch, dass sie Menschen emotional berührt.

„Wer die Herzen der Menschen gewinnt“, so ein weises Sprichwort, „der hat es mit den Köpfen leicht.“ Gute Rhetorik dringt durch die Schichten von Zerstreutheit, Widerstand, Desintresse in tiefere Regionen unseres Seins vor. Sie erreicht unser Innerstes, rüttelt uns wach, bewegt uns, zwingt uns, unsere Meinung infrage zu stellen, öffnet unseren Geist für neue Sichtweisen, nimmt uns die Angst und macht uns Mut.

„Meine Kunden und meine Zuhörer sind rationale und nüchterne Zahlenmenschen, die wollen nicht mit Emotionen konfrontiert werden!“, höre ich Sie jetzt vielleicht einwenden. Doch schauen wir uns mal die Realität der sogenannten Zahlenmenschen an. Wollen sie wirklich die nackte Zahl oder das technische Detail? Nein, gewiss nicht. Auch sie wollen die guten Emotionen, die durch diese Zahlen und Fakten entstehen. Sie wollen sich stolz und mächtig fühlen angesichts des gewinnversprechenden Angebots, sie wollen das sichere Gefühl, die Kontrolle zu haben angesichts der präzisen Details, sie wollen das Gefühl, wichtig zu sein und wertgeschätzt zu werden angesichts einer knappen und sachlichen Präsentation, die ihren eigenen Werten von „Zeit ist Geld!“ entspricht.

Scheinbar Rationales ist hoch emotional

Andere Zuhörer schätzen andere Gefühle. Vielleicht wünschen sie sich das anregende Prickeln, das sich immer dann einstellt, wenn wir etwas Neues und Unerwartetes erfahren. Vielleicht wünschen sie sich das Gefühl der Nähe, das entsteht, wenn sie das Gefühl haben, im Innersten verstanden zu werden. Vielleicht schätzen sie es, aufgerichtet und ermutigt zu werden, um hochmotiviert und gestärkt ihren Alltag zu bewältigen. Oder sie sehnen sich danach, dass ihnen die Angst genommen wird vor Veränderungen, vor Chaos, vor dem Unberechenbaren.

Emotionen bestimmen die Welt

Emotionen bestimmen die Welt. Menschen sind süchtig nach Emotionen. Nicht alle bevorzugen die gleichen Emotionen. Aber alle versuchen, negative Emotionen zu vermeiden und positive zu verstärken. Warum das so ist, erfahren Sie in dem Kapitel „Emotional Brain".

Erfolg und Einfluss durch hervorragende Auftritte

Das Pareto-Prinzip

Kennen Sie das Pareto-Prinzip? Es besagt, dass wir mit 20 Prozent unserer Leistung 80 Prozent unserer Ergebnisse erreichen. Das ist das Geheimnis erfolgreicher Menschen. Sie arbeiten und leben nach dem Pareto-Prinzip und konzentrieren sich nur auf die 20 Prozent, die sie mit Riesenschritten zu Erfolg und Zufriedenheit bringen.

Was aber sind diese 20 Prozent? Was genau sind die Tätigkeiten, die uns mit Riesenschritten voranbringen? Ist es die fleißige Arbeit am Schreibtisch? Ist es die geniale Idee? Ist es das beharrliche und zuverlässige tägliche Tun? Auch wenn wir uns alle wünschen, es wäre anders, so lehrt uns doch die Lebenserfahrung, dass Fleiß allein uns nicht weiterbringt. Sie können die beste Leistung, das hochwertigste Produkt, das aufregendste Konzept und die vernünftigste Meinung haben, es wird Ihnen nichts nützen, wenn Sie es nicht schaffen, andere davon zu überzeugen und zu begeistern. Zu diesen 20 Prozent gehört es also, die eigenen Ideen und Leistungen den Entscheidern – Vorgesetzten, Kunden, der Presse, der Öffentlichkeit – so zu vermitteln, dass diese von Ihnen beeindruckt sind.

Mit Worten magnetisch auf Zuhörer wirken

Wenn Sie Menschen mit Worten begeistern, berühren und bewegen können, wenn Sie im richtigen Moment die richtigen Worte finden – dann haben Sie einen gewaltigen Wettbewerbsvorteil gegenüber denjenigen, die sich ausschließlich auf Leistung und Inhalte verlassen. Wir alle sind im Grunde Verkäufer: Als Führungskraft, die ihr Team für ihre Ziele gewinnen will, als Unternehmer, der Kunden und Geschäftspartner überzeugen möchte, als Experte, der seine Ideen und Konzepte einer breiten Öffentlichkeit bekannt machen will. Wir müssen uns, unsere Produkte, unsere Ideen so inszenieren, dass sie magnetisch auf unsere Kunden, Zuhörer und Zielgruppen wirken.

Die Wirkkraft der Rhetorik

Seit 2.500 Jahren beobachtet man in der Rhetorik Menschen dabei, ob und wie sie mit Sprache Ziele erreichen. Man beobachtet, was funktioniert und was nicht funktioniert. Das, was hervorragend funktioniert, wird archiviert. So ist ein Kanon von rhetorischen Regeln entstanden, durch die Jahrhunderte bewährt und von unglaublicher Wirkkraft. Das Kernstück der Sammlung sind die rhetorischen Wirkfiguren. Rhetorische Wirkfiguren sind machtvolle Sprachmuster, die aus langweiligen, nichtssagenden Formulierungen Powersätze machen, aus weitschweifigem Geplänkel treffende Pointen zuspitzen und aus Wortungetümen anschauliche Höhepunkte machen. Sie sind so wertvoll wie Diamanten, denn sie geben Ihrer Rede den letzten Schliff, sie machen Ihre Rede glanzvoll und einzigartig. Sie werten Ihren Vortrag auf, verwandeln langweilige Passagen in spannende, eintönige in abwechslungsreiche, biedere in faszinierende, gewöhnliche in außergewöhnliche.

Wir erleben im Moment eine Wiederentdeckung der Rhetorik. Lange Zeit hat die Technik unsere Vortragssäle beherrscht. PowerPoint war der Star und Mittelpunkt eines jeden Events. Wir haben uns auf die coole Technik verlassen und nicht auf die bewegende Kraft unserer Worte und Gesten. Wir standen mit dem Rücken zum Publikum, in den Händen ein Laserpointer, und lasen blutleere Sätze von kalten Wänden ab. Das Publikum musste den Gewaltakt leisten, gleichzeitig zu lesen und zuzuhören. Die guten Gefühle blieben auf der Strecke. Die Zuschauer fühlten sich im schlimmsten Fall verwirrt, gelangweilt oder unverstanden.

Vorträge heute: multimedial und multisensorisch

Der heutige Vortrag ist multimedial und multisensorisch. Worte, Bilder und Gefühle verschmelzen zu einer kunstvollen Einheit. PowerPoint wird bildhafter eingesetzt, um das Gesagte emotional zu verstärken, um Emotionen zu transportieren mit passenden Grafiken, Fotos, Filmen, Animationen. PowerPoint wird zum Stilmittel, zur kunstvollen Inszenierung, zum optischen Kunstwerk. Es wird nicht mehr genutzt, um Thesen und Argumente aufzuzählen, sondern um sie anschaulich zu machen.

Heutige PowerPoint-Präsentationen unterstützen den Redner und bieten eine emotionale Stütze für das Publikum, aber sie ersetzen den Redner nicht.

Auf Highlights setzen

Verlassen Sie sich bitte nicht auf PowerPoint alleine. Es ist nur *eine* Möglichkeit, Ihren Vortrag zu inszenieren. Es gibt noch so viele bessere, passendere, lebendigere Alternativen. Eine gut erzählte Geschichte, eine griffige Demonstration, eine einleuchtende Skizze am Flipchart sind oft viel überzeugender, wenn es darum geht, Menschen für sich zu gewinnen. Nutzen Sie wieder die Kraft der Rhetorik. Setzen Sie auf Highlights in Ihrer Rede. Nutzen Sie die Sammlung in diesem Buch sowohl für Ihre Vorträge, als auch um eine herausragende PowerPoint-Präsentation zu halten.

Inszenierungen der Extraklasse für ein medial verwöhntes Publikum

Auch aus den Medien, aus der Werbung und vor allem aus dem Event-Marketing können und müssen wir lernen, wenn wir heute auf der Bühne bestehen möchten. Das Publikum vergleicht unseren Auftritt unbewusst mit den professionellen Inszenierungen der Medien. Die Reizschwelle, wann wir etwas langweilig finden, ist extrem gesunken. Wer mit iPhone, YouTube und Twitter lebt, will schnelle Schnitte, rasante Wechsel und kurze, bildhafte Sequenzen.

Ein Festival der Sinne bieten

Paradoxerweise sind diese Social Media auch gleichzeitig Ihre größte Chance. Denn Sie bieten mit Ihrem Vortrag die Kostbarkeit der realen Begegnung in einer zunehmend virtuellen Welt. Echte, lebendige Menschen treffen auf ein echtes, real anwesendes Publikum. Die Chance liegt darin, Ihrem Publikum ein Festival der Sinne zu bieten: Lassen Sie es riechen, hören, schmecken, sehen, fühlen, sich austauschen, spüren, anfassen; lassen Sie es lachen und staunen; integrieren Sie mit Ihren Worten den Einzelnen in eine Einheit, bieten Sie ein gemeinsames, unvergessliches Erleben – schaffen Sie ein Wir. Nutzen Sie die Chance, die in dieser echten Begegnung steckt. Heben Sie sich ab von der virtuellen, zweidimensionalen Welt! Die Chance der heutigen Rhetorik liegt darin, einerseits die uralten evolutionären Programme in uns anzusprechen und archetypische Muster, Motive, Symbole zu nutzen und gleichzeitig auf der Höhe medialer Inszenierungskunst zu sein.

Verbinden Sie das Beste aus beiden Welten: Erzählen Sie eine bewegende Geschichte und zeigen Sie anschließend eine anschauliche PowerPoint-Folie; lassen Sie die Menschen die Qualität Ihrer Produkte erleben, spüren und genießen – und lassen Sie dann Zahlen, Daten und Fakten in professionellen Diagrammen für sich sprechen. Spielen Sie mit Worten und Bildern auf der Klaviatur der Werte, Motive und Emotionen – und Ihr Vortrag wird ein unvergessliches Ereignis für Ihr Publikum.

2. Die 7 Geheimnisse der Excellent-Speaker

Warum hören wir manchen Präsentierenden gebannt zu, während wir bei anderen das Ende der Präsentation nicht erwarten können? Warum sind wir bei manchen Rednern regelrecht gefesselt, während wir uns bei anderen nur mühsam wachhalten können? Und warum werden uns bei manchen Vortragenden auch schwierigste Inhalte sofort klar, während wir bei andern rätseln und vergeblich nach dem Sinn suchen? Dieses Kapitel verrät Ihnen die sieben Geheimnisse von Top-Präsentatoren und Excellent-Speakern.

1. Geheimnis: Sie spielen auf der Klaviatur der Emotionen

Die alljährliche Weihnachtsansprache

Wir alle kennen Weihnachtsansprachen. Entweder, weil wir sie selbst jedes Jahr aufs Neue halten, oder weil wir jährlich als Zuhörer in den Genuss derselben kommen. Es gibt Vorgesetzte, die mit Ihrer Weihnachtsansprache berühren, bewegen, motivieren. Und solche, nach deren Rede man sich enttäuscht, frustriert und abgewertet fühlt. Aus meinen Beratungen weiß ich, dass in beiden Fällen eine positive Absicht hinter der Weihnachtsrede stand. Beide haben die Intention, den Mitarbeitern zu danken, sie zu motivieren, ihnen Mut machen. Doch die zweite Gruppe von Vorgesetzten macht sich zu wenig Gedanken über die emotionale Auswirkung ihrer Worte. Diese Führungskräfte meinen, mit nüchternen Fakten, nackten Zahlen und strammen Zielen sei es getan. Und sie wundern sich dann, wenn ihre Mitarbeiter „steif wie Mumien“

dastehen – Originalton einer Führungskraft im Coaching. Sie wissen gar nicht, welche Emotionen jetzt wichtig wären, sie wissen nicht, wie man sie erzeugt und in Worte fasst.

Die emotionale Auswirkung von Vorträgen

Erfolgreiche Redner und Rednerinnen konzentrieren sich auf die emotionale Auswirkung ihrer Vorträge. Alle Vortragstools (Inhalte, Argumente, Inszenierungen, Belege, Unterlagen, Folien, Medien, Kleidung, Gesten usw.) sind nur Mittel zum Zweck. Sie sind ausgerichtet auf die Frage: „Welche Gefühle erzeuge ich mit genau diesem Argument, mit genau dieser Folie, mit genau dieser Technik beim Publikum?" Exzellente Redner fragen sich zuallererst: „Welche Emotion wäre jetzt förderlich? Wie sollen sich meine Mitarbeiter fühlen nach dieser Weihnachtsansprache? Sollen sie sich stolz fühlen, in meinem Unternehmen zu arbeiten und mich als Vorgesetzten zu haben? Sollen sie stolz auf die eigene und auf die gemeinsam geleistete Arbeit sein? Sollen sie mit einem sicheren Gefühl nach Hause gehen, da sie jetzt Klarheit haben über die Zukunft, auch wenn diese vielleicht hart sein wird? Sollen sie sich freuen über meine Dankbarkeit und Anerkennung? Sollen Sie sich heiter und leicht fühlen, indem wir gemeinsam schmunzeln oder lachen? Sollen sie sich stark fühlen, weil sie spüren, dass sie in einer starken Gemeinschaft gut aufgehoben sind?" Nach einer Rede, die sich an diesen Fragen orientiert, fühlen sich die Mitarbeiter hoch motiviert und sind bereit, sich für gemeinsame Ziele einzusetzen.

Auf der Klaviatur der Emotionen spielen

Erfolgreiche Redner beherrschen also die Klaviatur der Emotionen. Sie spielen jedoch nicht nur auf den weißen, hellen, sondern auch auf den dunklen, schwarzen Tasten virtuos und erzielen wie ein Klavierspieler ein harmonisches Ganzes. Emotionale Rhetorik lebt nicht allein von positiven Emotionen. Der exzellente Redner anerkennt, dass der Regen genauso wichtig ist wie der Sonnenschein, die Nacht wie der Tag, die Schwere wie die Leichtigkeit. Er weiß, dass Menschen sich nicht allein von leuchtenden Zielbildern und positiven Gefühlen leiten lassen; er weiß, dass der Schmerz, der Zorn, die Angst, manchmal der Schock wirksame Mittel sind, um Menschen aufzurütteln und zu bewegen.

2. Geheimnis: Sie haben Mut zum eigenen Stil

Sind gute Redner Naturtalente?

Nun könnten Sie einwenden, dass erfolgreiche Redner Naturtalente seien, die einen fantastischen Zugang zu ihren Emotionen haben und aus dem Bauch heraus packend und fesselnd sprechen. Nach dem Motto: „Als Redner wird man geboren. Man hat's oder man hat's nicht! Man ist nun mal ein emotionaler Mensch oder nicht!"

Meine Erfahrung ist: Wir sind zwar alle emotional und können Emotionen hervorrufen. Es kommt jedoch darauf an, diese gezielt einzusetzen. Dabei können es ganz unterschiedliche Arten emotionaler Wirkungen sein, die beabsichtigt sind. Ich kenne hervorragende Redner, die mit zutiefst beeindruckender Klarheit und Präzision sprechen. Sie punkten mit messerscharfer Logik statt mit berührenden Geschichten, spitzen mit knappen Antithesen die Dinge zu, kommen ohne Abschweifungen und schmückende Beiwörter auf den Punkt. Die emotionale Wirkung ihrer Reden ist Klarheit, Kraft und Coolness. Ihr Stil ist prägnant, ihre Formulierungen sind griffig, ihre Aussagen plakativ. Ihre Nüchternheit wirkt machtvoll.

Dann kenne ich Redner, die eine Aura von Bescheidenheit um sich verbreiten. Sie sprechen mit tastender, fast zögerlicher Stimme. Sie schaffen es, uns nachdenklich zu stimmen. Sie spielen meisterhaft die leisen Töne der Besorgnis. Die Zuhörer fühlen sich gut aufgehoben, geborgen, sicher. Endlich kein lauter Schaumschläger, stellen sie beruhigt fest, der mit englischen Powerfloskeln um sich schlägt. Sondern einer, der die Last und Verantwortung der ganzen Welt zu tragen scheint.

Ich kenne ergreifende Redner, die mühelos die verborgenen Gefühle in uns anklingen lassen können. Die mit Geschichten unsere Seelen berühren und bewegen. Ihr Stil ist lebendig, ihre Sprache sinnlich und melodiös. Obwohl sie ausschweifend erzählen, schweifen die Gedanken der Zuhörer nie ab. Denn ihre Beispiele,

Parabeln und Gleichnisse sind prall von Erfahrungen, Weisheiten und Gefühlen.

Redner als Showmaster

Und ich kenne Redner, die ein Feuerwerk der Rhetorik entzünden. Die geborenen Showmaster, diejenigen, die erst auf der Bühne richtig zu leben beginnen. Die uns mit großen Gesten, plakativen Aussagen, mit gezielten Provokationen faszinieren, inspirieren und manchmal schockieren. Sie zeigen uns ungewöhnliche Einblicke und erstaunliche Wege und sind uns so eine nie versiegende Quelle der Inspiration.

So wie wir auf dem Klavier die unterschiedlichsten Lieder und Stücke spielen können, von Klassik bis Hardrock, von Jazz bis Elektropop –, so können wir auf der Klaviatur der Emotionen die unterschiedlichsten rhetorischen Wirkungen erzielen. Wie arm wäre unsere Welt ohne diese Unterschiedlichkeit. Wie schön ist es, dass jeder Vortrag anders ist, dass jeder Redner andere Facetten in uns zum Klingen bringt. Vielfalt ist Schönheit. Und egal welche Ihre Lieblingsmelodie ist, sie ist es wert, gehört zu werden. Stehen Sie zu sich und zu Ihrem Stil. Alle Stile sind wichtig, alle Stile sind wertvoll, und alle Stile erreichen ihre Ziele.

Umgang mit Perfektionismus

Zu sich zu stehen – das ist die Grundvoraussetzung, um sich als Redner vorne, auf diesem exponierten Platz, wohlzufühlen. Ich meine damit nicht die naive Authentizität des „So bin ich nun einmal!", sondern das grundlegende Anerkennen der eigenen Persönlichkeit. Dazu gehört es, die eigenen Stärken zu kennen und sich mit den eigenen Schwächen zu versöhnen. Perfektionismus und zu hohe Erwartungen an sich selbst sind die Gegner jeder lebendigen und berührenden Rede. Alles richtig machen zu wollen führt zum Schluss dazu, alles falsch zu machen. Denn vor lauter Angst nicht perfekt zu sein, bringen wir zu viele Inhalte und überschütten unser Publikum damit; wir planen alles bis ins kleinste Detail und verlieren unsere lebendige Spontaneität; wir stellen ausformulierte Manuskripte her und verlieren beim Ablesen den Kontakt zu unseren eigenen Gefühlen. Im schlimmsten Fall verhindert unser Perfektionismus, dass wir uns trauen, eine Rede zu halten. Er wird zum Erfolgsverhinderer. Wenn Sie zum Perfektionismus neigen, dann bitten Sie ihn, Ihnen Ideen und Inspiration zu geben, wie Sie mehr Lockerheit und Leichtigkeit in Ihren Vortrag bringen. Ich verspreche Ihnen: Er wird eine perfekte Lösung liefern!

Niemand ist perfekt. Aber wir können unser Bestes geben. Nicht mehr – aber auch nicht weniger. Niemand ist unangreifbar. Wer sich exponiert, wird angreifbar. Wer seine Meinung kundtut, muss mit Gegenmeinungen rechnen. Stellen Sie sich standfest hin und wappnen Sie sich mit Gelassenheit und guten Argumenten. Nutzen Sie die Tools in diesem Buch auch als Munition im gerechten Kampf der Argumente.

3. Geheimnis: Sie haben Ausstrahlung durch Präsenz

Vor Kurzem erzählte mir eine Seminarteilnehmerin, dass sie bei der Rede ihres Aufsichtsratsvorsitzenden dabei sein durfte: „Und dann ging die Tür auf und er kam herein. Plötzlich wurde es ganz ruhig. Eine vibrierende Energie ging von ihm aus, die uns alle erfasste. Es war, als ob seine Persönlichkeit den ganzen Raum ausfüllen würde. Noch bevor er etwas sagte, waren wir ergriffen von seinem Charisma und seiner Präsenz."

Die Macht der scheinbar Machtlosen

Wohl dem, der so viel Macht hat, werden Sie jetzt vielleicht einwenden. Aber wie viele Mächtige gibt es, die diese Präsenz nicht besitzen? Und umgekehrt: Wie viele scheinbar Machtlose beeindrucken uns mit ihrer starken Ausstrahlung? Wie machen sie das nur? Was haben die, was ich nicht habe? Ist es wirklich ein Geschenk der Götter, wie das Wort „Charisma", griechisch „Göttergabe", uns nahelegen möchte?

Meiner Meinung nach liegt das Geheimnis nicht nur im Wort „Charisma", sondern auch in dem Wort „Präsenz". Erfolgreiche Redner sind sehr präsent. Sie sind im Hier und Jetzt. Wenn sie gehen, gehen sie; wenn sie reden, reden sie; wenn sie lachen, lachen sie. Sie sind total anwesend. Mit jeder Faser. Sie bewohnen ihren Körper. Sie spüren ihre Emotionen. Nur dadurch können sie diese Emotionen und diese Energie auf das Publikum übertragen, sodass es emotional berührt wird und die Energie in sich pulsieren fühlt.

Den Augenblick genießen

Das Gegenteil von Präsenz ist Abwesenheit. Jeder, der schon einmal einen Blackout hatte, weiß, wie es sich anfühlt, nicht anwesend zu sein. Zugegeben, das ist der Extremfall der Abwesenheit. Was wir aber alle kennen, ist das Gefühl, neben uns zu stehen und uns beim Leben zu beobachten statt zu leben. Wir sind ständig damit beschäftigt uns zu fragen, wie wir wirken, ob wir ankommen, ob wir gewinnen oder verlieren werden. Wir sind mehr damit beschäftigt, uns zu sorgen und zu ängstigen, ob wir alles richtig machen und ob wir es jedem recht machen, anstatt es einfach zu genießen, genau in diesem Moment unser ganzes Wissen und unsere Erfahrung mit einem interessierten Publikum zu teilen.

Wenn wir keine Freude fühlen, können wir keine Freude zeigen und sie somit auch nicht übertragen. Wenn wir keinen Zorn empfinden können, können wir auch keine zornige, aufrüttelnde Rede halten. Sind wir selbst nicht berührt, können wir auch andere nicht berühren. Und wenn wir aufgeregt sind, dann wird auch unser Publikum nervös. Wenn wir abwesend sind, dann wird es unser Publikum bald auch sein.

Emotionen übertragen sich nur dann, wenn wir sie selbst empfinden.

Als die Schüler einen Zen-Meister nach dem Geheimnis seiner Präsenz fragten, sagte er: „Wenn ich stehe, dann stehe ich; wenn ich gehe, dann gehe ich; wenn ich esse, dann esse ich …“ Da unterbrachen ihn seine Schüler und sagten: „Das ist keine Neuigkeit, all das tun wir auch. Du musst doch darüber hinaus ein Geheimnis haben.“ Er schaute sie ruhig an und sagte: „Wenn ich stehe, dann stehe ich; wenn ich gehe, dann gehe ich; wenn ich esse, dann esse ich …“ Da wurden seine Zuhörer ärgerlich und riefen: „Das hast du uns doch schon gesagt. All das tun wir doch auch.“ Der

Meister aber sagte: „So kann nur reden, wer sich nicht kennt. Beobachtet euch doch: Wenn ihr sitzt, dann steht ihr schon wieder; wenn ihr steht, dann lauft ihr schon; und wenn ihr lauft, dann seid ihr schon am Ziel."

Präsenz im Alltag üben

Eckhart Tolle, der große Lehrer der Präsenz, empfiehlt uns, Präsenz im Alltag zu üben. Wer schon einmal versucht hat, seine ziellosen, chaotischen Gedanken auf die Gegenwart zu konzentrieren, der weiß, wie schwer das ist. Versuchen Sie es. Schließen Sie für eine Minute die Augen und konzentrieren Sie sich ganz auf das Hier und Jetzt. Nehmen Sie Ihren Körper wahr, Ihre Atmung, Ihre Gefühle. Beobachten Sie Ihre Gedanken. Schweifen Sie nicht ab. Bewerten Sie nicht. Seien Sie einfach nur anwesend im Jetzt. Das fällt uns schon im Normalzustand schwer. Um wie viel schwerer wird es uns fallen, wenn wir in der stressigen Situation sind, eine Rede zu halten, wenn 100 fremde Augenpaare sich auf uns richten, während wir ganz alleine auf der großen Bühne stehen. Also üben Sie im Alltag, beim Kartoffelschälen, beim Autofahren oder wenn Sie mit Ihren Kindern spielen. Einen guten Zugang zum Jetzt haben wir über unsere Sinne: Wenn wir uns auf das konzentrieren, was wir sehen, hören, riechen, schmecken, fühlen. Positiver Nebeneffekt: Sie schärfen Ihre Wahrnehmung und können sinnlichere, lebendigere und anschaulichere Reden halten.

4. Geheimnis: Sie gewinnen die Menschen durch Einfühlung und Wertschätzung

Wirkung von Empathie

Kennen Sie das Geheimnis einer sympathischen Ausstrahlung? Professor Joachim Bauer, einer der renommiertesten Erforscher dieses Phänomens, verrät es uns in seinem Buch *Warum ich fühle, was Du fühlst*: „Die Fähigkeit, Empathie und Mitgefühl so auszudrücken, dass sie von anderen als angemessen empfunden werden, scheint eines der Geheimnisse einer sympathischen Ausstrahlung zu sein." (Bauer 2005, 48) Der Neurobiologe Giacomo Rizzolatti von der Universität Parma entdeckte 1996 durch Zufall die Spiegelneuronen. Diese sind verantwortlich für unsere Empathie. Sie reagieren auf die Stimmen und Körpersprache anderer Menschen und lassen Simulationsprogramme ablaufen, die es dem Beobachter ermöglichen, unmittelbar mitzuerleben, was in den Köpfen anderer vor sich geht. Sie befähigen den Menschen, sich in andere hineinzuversetzen, Gefühle anderer mitzuerleben und auszudrücken, das heißt zu spiegeln. Wer ganz besonders einfühlsam spiegeln kann, der wird mit Sympathie belohnt. Oder anders ausgedrückt: Wir finden die Menschen am sympathischsten, die uns am besten verstehen und die dieses Verständnis am besten mit ihrer Körpersprache zum Ausdruck bringen. Wir finden die Menschen am sympathischsten, die unsere Sorgen, Ängste, Wünsche, Ziele kennen und die sie am besten in Worte fassen können.

Was bedeutet das für Sie als Redner? Wenn Sie wirklich die Herzen und Köpfe der Menschen gewinnen wollen, dann beschäftigen Sie sich zuerst mit ihnen. Was denkt und fühlt Ihr Publikum gerade? Wo drückt der Schuh? Wo ist der Schmerz am größten? Aber auch: Welche Wünsche, welche Sehnsüchte und welche Ziele haben die Zuhörer? Gehen Sie nicht intellektuell an die Sache heran, sondern emotional. Fühlen Sie sich in Ihr Publikum ein. Sollte Ihnen das schwerfallen, möchte ich Ihnen mit einer Übung helfen, die sich in meinen Coachings bewährt hat.

Empathie-Training Was denkt, fühlt und erwartet mein Publikum?

Sie brauchen vier bis fünf leere Stühle, die Sie in einer Reihe vor sich aufstellen. Schreiben Sie nun auf Karten die Namen/Rollen der in der Imagination anwesenden Personen und legen Sie eine Karte auf jeden Stuhl. Bei einer kleinen Runde schreiben Sie die Namen der „Anwesenden" auf, bei einer großen Runde die Namen der Personengruppen (zum Beispiel Eltern, Lehrer, Schüler). Fühlen Sie sich ganz in die Rolle ein. Sie sind jetzt beispielsweise Herr Dr. Müller, Geschäftsführer der Alphaplastik AG. Und nun sprechen Sie laut dessen Erwartungen, Vorurteile und Wünsche in Bezug auf Ihre Präsentation/auf Ihren Vortrag aus. Wechseln Sie dann den Stuhl und versetzen Sie sich in die nächste Person, in die nächste Personengruppe. Bekommen Sie ein Gefühl dafür, beispielsweise der Leiter der Logistik zu sein. Sprechen Sie auch hier wieder seine Beweggründe, Werte, Erwartungen, Befürchtungen in Bezug auf Ihren Vortrag offen und in der Ich-Form aus. Erst wenn Sie alle Stühle absolviert haben, fokussieren Sie sich wieder auf Ihr eigenes Denken. Schreiben Sie sich die wichtigsten Erkenntnisse auf und hüten Sie sie wie einen Schatz. Denn hier legen Sie den Grundstein für Ihren Erfolg als herausragender Redner.

Präsente darbieten

Im Wort „Präsentation" versteckt sich nicht nur „Präsenz", also Gegenwärtigkeit und Anwesenheit. Es steckt auch das Wort „Präsent" (Geschenk) darin. Wenn wir eine Präsentation halten, dann schenken uns unsere Zuhörer viel: ihre Zeit, ihre Aufmerksamkeit und ihre Wertschätzung. Was, so können wir uns fragen, können wir ihnen zurückgeben? Welche Präsente haben wir für sie dabei? Worüber würden sie sich freuen? Und genauso, wie Sie Ihrem Liebsten, Ihrer Liebsten an Weihnachten ein anderes Geschenk machen werden als Ihrer Schwiegermutter, genauso ist es bei einem Vortrag. Fragen Sie sich auch: Habe ich für jeden das passende Geschenk dabei?

Die Lieblingsmelodie des Publikums spielen

Erfolgreiche Redner wissen, wie sich ihre Zuhörer fühlen, sie wissen, wo der Schmerz sitzt. Hier spielen sie die schwarzen Tasten des Klaviers. Sie wissen, wohin die Sehnsucht der Teilnehmer weist. Dann spielen sie die weißen Tasten. Hier schließt sich der Kreis zum ersten Geheimnis, und dieser Kreis ist das eigentliche, zentrale Geheimnis aller erfolgreichen Redner: Sie spielen nicht immer nur das eigene Lieblingslied, den eigenen Lieblingsstil auf der rhetorischen Klaviatur der Emotionen, sondern passen ihr Spiel dem bevorzugten Stil des Publikums an. Exzellente Redner beherrschen eine große Bandbreite an Melodien, Rhythmen und Stilen – sodass sie variabel jeweils die Lieblingsmelodie des Publikums treffen.

5. Geheimnis: Sie setzen auf die Macht der Körpersprache

Empathie muss angemessen sein

Angenommen, wir können wirklich den Geschäftsführer aus der vorherigen Übung verstehen und uns in ihn hineinversetzen. Wir fühlen seinen Ehrgeiz, seine Zielstrebigkeit, seine Ungeduld. Wir spüren seine Kraft, seine Konzentration auf das Wesentliche und seine Vorliebe für aussagekräftige Zahlen. Und dann halten wir eine warme, weiche und weitschweifige Rede. Unsere Stimme ist supermoduliert, die Mimik hyperbeweglich. Wir schwelgen in Beispielen, Analogien und Anspielungen. Kann das gut gehen? Gewiss nicht. Laut Professor Joachim Bauer wirkt derjenige am gewinnendsten, der Empathie und Mitgefühl so ausdrücken kann, dass sie von anderen als angemessen empfunden werden. Wollen wir also Stolz, Kraft und Gewinn darstellen – dann brauchen wir ein kraftvolles, siegesgewisses Körperbild.

„Der Körper", so Christian Morgenstern, „ist der Übersetzer der Seele ins Sichtbare." Wollen Sie Präzision, Liebe zum Detail und hohe Qualität darstellen, dann brauchen Sie eine feingliedrige Detailgestik und eine seriöse Körpersprache mit eher kleinen Bewegungen und wenig Dynamik. Wenn Sie Wärme und Verständnis ausdrücken möchten, dann brauchen Sie einen warmen und weichen Blick, eine von Herzen kommende Gestik und eine zugängliche Stimme. Wenn Sie Hochspannung erzeugen möchten mit einer faszinierenden Geschichte, dann brauchen Sie auch ein spannendes und faszinierendes Körperbild: eine facettenreiche Stimmführung mit direkter Rede und Lautmalerei, mit Wechsel von laut und leise, von schnell und langsam sowie große beschreibende Gesten.

Es gibt Redner, die stocksteif dastehen und mit ausdruckslosem Gesicht und monotoner Stimme sagen: „Ich freue mich, dass Sie so zahlreich erschienen sind." Oder Vorgesetzte, die mit strengem Blick und schneidendem Ton sagen: „Ich bin stolz auf Sie!" Professor Albert Mehrabian hat 1971 herausgefunden, dass wir zu 93 Prozent der Körpersprache glauben und nur zu 7 Prozent dem Inhalt. Es reicht nicht, wenn Sie Emotionen verbalisieren („Ich freue mich"). Es reicht leider auch nicht, sie zu fühlen (Sie spüren Freude). Sie sollten sie auch noch in das passende Körperbild übersetzen (leuchtende Augen, lächelnder Mund, weiches Gesicht). Nur dann kann das Publikum sie lesen, nachempfinden und über die Spiegelneuronen nachfühlen. Es freut sich jetzt auch und stimmt Ihnen und Ihrer Rede zu.

Körperbilder verkörpern Emotionen

Bei den Highlights im zweiten Teil dieses Buches werden Sie zu jeder Wirkabsicht/Emotion ein passendes Körperbild finden. Die Namen der Körperbilder sind bewusst an Archetypen angelehnt: der Kämpfer, der Mahner, die Eiche, der Schenkende. Als Archetyp bezeichnet man die im kollektiven Unbewussten angesiedelten Urbilder menschlicher Vorstellungsmuster mit hohem Wirkungsgehalt. Körperbilder verkörpern Emotionen des Redners und erzeugen so Emotionen im Publikum. Sie repräsentieren Werte und innere Haltungen, uralte Konstanten menschlichen Seins: Durchsetzungskraft, Hartnäckigkeit, Ordnung, Verlässlichkeit, Herzlichkeit, Vertrauen, Spaß, Humor, Rebellion usw. Körperbilder sind audiovisuelle Bilder mit einer bestimmten emotionalen Wirkung: Stolz, Sicherheit, Besorgnis usw. Eine überzeugende und herausragende Rede ist immer von einem Wechsel unterschiedlicher Körperbilder begleitet: mal seriös und kompetent, dann zugänglich und melodiös, dann mitreißend und motivierend. Und Sie können mit den Körperbildern im zweiten Teil genau bestimmen, wie Sie wirken und wie Sie beim Publikum ankommen.

Die neuere Psychologie nennt die Wechselwirkungen zwischen Körper und Psyche „Embodiment" (Verkörperung). Sie kennen bestimmt die erste Wechselwirkung zwischen Psyche und Körper: Wenn wir uns deprimiert fühlen, dann sieht unser Körper deprimiert aus. Unser Gesicht ist ausdruckslos, die Mundwinkel zeigen nach unten, die Schultern hängen, der Rücken ist gebeugt, wir machen uns „unsichtbar" und klein. Für unseren Erfolg auf der Bühne ist die Wechselwirkung zwischen Körper und Psyche äußerst bedeutsam und interessant. Wir können mit unserem Körper unsere Emotionen und unsere Gedanken bestimmen. Sie fühlen sich verunsichert und verzagt? Dann nehmen Sie das aufrechte, stolze Körperbild des Kämpfers ein. Und siehe da, Ihr Selbstbewusstsein kehrt zurück. Sie sind traurig? Dann lächeln Sie eine Minute lang, und Ihre Laune bessert sich sekündlich. Sie sind sich unsicher? Dann stehen Sie gerade, aufrecht und hüftbreit da und stellen Sie sich vor, Sie sind eine Eiche mit kraftvollen Wurzeln und stabilem Stamm. Sie werden beim Ausprobieren staunen, wie einfach es ist, sich in eine gute innere Stimmung und kraftvolle Verfassung zu bringen. Probieren Sie es jetzt aus, legen Sie das Buch zur Seite und lächeln Sie oder stellen Sie sich siegesgewiss hin: Kopf hoch, Brust raus, Spannung in die Armgelenke, selbstbewusster Blick.

6. Geheimnis: Sie sind Experte Ihrer Inhalte und der Inszenierung

Dünnbrettbohrer und Schaumschläger

Inhalt ist nicht alles, aber ohne Inhalt ist alles nichts. Redner, die ihre Inhalte nicht meisterlich beherrschen, lassen sich in zwei Kategorien einteilen. In der ersten Kategorie finden wir diejenigen, die wenig Inhalt und wenig Verpackung verwenden. Das sind diejenigen, zu deren Vortrag wir nie wieder gehen oder deren Angebot wir nie kaufen würden. Das sind die Dünnbrettbohrer. Die zweite Kategorie umfasst diejenigen, die wenig Inhalt, aber viel Verpackung benutzen – die Schaumschläger. Sie sind diejenigen, die für den schlechten Ruf der Rhetorik verantwortlich sind, weil sie diese zwar hervorragend beherrschen, aber nichts „dahinter" ist.

Nur wer seine Inhalte beherrscht, hat noch genügend Energie frei, diese Inhalte ansprechend zu verpacken. Nur wer seine Inhalte beherrscht, hat genügend Präsenz, um in Kontakt mit sich und seinem Publikum zu sein. Wer sich unsicher fühlt, zwanghaft nachdenken muss und bei der kleinsten Nachfrage ins Stottern gerät, der kann sein Publikum nicht überzeugen, geschweige denn gewinnen.

Auch Redner, die ihre Inhalte beherrschen, lassen sich in zwei Gruppen einteilen. Kommen wir zuerst zu der Gruppe, die ihre Inhalte perfekt beherrscht – aber nicht die Verpackung. Das ist meiner Meinung nach die größte Gruppe. Das sind diejenigen, die mir in Seminaren und Coachings am häufigsten begegnen: die fleißigen Selbstständigen, die weisen Experten, die soliden Hersteller. Sie haben eher das Problem, dass sie vor lauter Bäumen den Wald nicht mehr sehen und vor lauter Fachwissen die Werte Ihrer Zielgruppe aus den Augen verlieren. Das sind diejenigen, die sich so auf ihre Sache konzentrieren, dass sie die Emotionen der Zuhörer vergessen. Diese können viel von der zweiten Gruppe lernen: von den Top-Präsentatoren und den Excellent-Speakern.

Top-Präsentatoren und Excellent-Speaker sind Meister ihrer Inhalte und Meister der rhetorischen Inszenierung. Sie beherrschen ihre Inhalte so gut, dass sie kaum einen Gedanken mehr an sie verschwenden. Wie unsichtbare Flüsse durchziehen sie ihre Gedanken und Beiträge. Gerade weil sie ihre Inhalte so tief beherrschen, wirkt ihr Vortrag so leicht und mühelos. Das ist so ähnlich wie beim Profi-Eiskunstlauf: Weil die Eiskunstläufer so viel und so hart trainieren, macht es für das Publikum den Anschein der Leichtigkeit und Mühelosigkeit, und deshalb macht es so viel Spaß, ihnen zuzusehen. Würde das Publikum den Schweiß, die Anstrengung, die Mühe über die Spiegelneuronen spüren, wäre es bald eine traurige Veranstaltung vor leeren Hallen.

Aus Inhalten auswählen

Auch wenn Sie hundert Mal mehr zu Ihrem Thema wissen als Ihr Publikum, bedeutet das nicht, dass Sie Ihr ganzes Wissen an einem Abend ausbreiten. Die hohe Kunst liegt in der Konzentration auf das Wesentliche. Die Frage, die sich gerade Experten mit zahlreichen Inhalten dann stellen: „Was genau ist aber das Wesentliche? Was sage ich, und was sage ich nicht?" Meine Empfehlung: Konzentrieren Sie sich auf drei Fragen, wenn Sie sich vorbereiten und wenn Sie aus der Fülle des Materials auswählen:

Kernbotschaften festlegen

1. Was ist für meine Zuhörer nützlich und relevant? Wie kann ich ihre Probleme lösen oder sie dabei unterstützen, ihre Ziele zu erreichen?
2. Was ist für meine Zuhörer wertvoll, da es ihren Werten entspricht? Welche Werte haben im Publikum hohe Priorität? Wie kann meine Zielgruppe durch meinen Vortrag mehr von dem bekommen, was ihr wichtig ist?
3. Was ist für meine Zuhörer interessant? Was ist für meine Zielgruppe neu? Was könnte sie spannend finden?

Das sind dann Ihre Kernbotschaften, die Sie aussuchen aus der Fülle Ihres Materials. Sie heißen auch deshalb Kernbotschaften, weil sie auf den Wesenskern des Menschen abzielen. Wenn Sie Ihre Kernbotschaften auswählen, dann denken Sie bitte daran, sie konsequent aus der Sicht Ihres Publikums zu definieren. Sie müssen zu Ihren Zuhörern passen wie der Schlüssel zum Schloss.

Die Kunst der Rhetorik besteht nicht darin, Ihr Publikum mit vielen Kernbotschaften zuzuschütten, sondern darin, wenige treffende Kernbotschaften auszuwählen. Wählen Sie drei bis vier Kernbotschaften bei einer kurzen Präsentation, sieben bis zehn bei einem längeren Vortrag aus. Diese wenigen und treffenden Botschaften inszenieren Sie überzeugend und begeisternd. Dabei helfen Ihnen die Highlight-Rhetorik-Tools im zweiten Teil des Buches.

7. Geheimnis: Sie setzen auf die Brillanz des letzten Schliffs

Barack Obama ungeschliffen

Der Feinschliff ist entscheidend bei einer Rede. Das Gute wird noch besser, das Brillante noch brillanter. Der Feinschliff sorgt für einen eingängigen Fluss der Worte, für eine innere Struktur, für eine bestechende Logik. Am besten kann man dies im folgenden Beispiel erkennen. Zuerst ein Teil einer „ungeschliffenen" Rede von Barack Obama. Hier wurden alle Stilmittel entfernt, alle „Wortspiele" ersetzt. Danach folgt das Original. Sie werden den Unterschied bemerken!

„Es gibt Gegenmeinungen, die behaupten, dass wir niemals siegen werden und dass wir unsere Ziele zu hoch gesteckt hätten. Sie sind der Meinung, dass die USA zu gespalten seien und zu desillusioniert, um für ein gemeinsames Ziel zusammenzukommen. Wir haben ihnen heute in Iowa gezeigt, dass sie im Unrecht sind. Daran kann sich New Hampshire in fünf Tagen ein Beispiel nehmen und ganz Amerika bei der Präsidentschaftswahl. Mit dieser Wahl setzt Ihr euch für Einheit und Wandel ein."

Barack Obama geschliffen

Lesen Sie nun zum Vergleich die Übersetzung des Originals der Siegrede in Iowa vom 3. Januar 2008. Bitte sehen Sie sich dazu parallel das Video der Rede an, es lohnt sich: http://my.barackobama.com/page/content/iowavictoryspeech

„Danke Iowa.

Ihr wisst, sie haben gesagt, dieser Tag würde niemals kommen. Sie haben gesagt, unsere Ziele wären zu hoch gesetzt.

Sie haben gesagt, dieses Land wäre zu gespalten; zu desillusioniert, um jemals wieder ein gemeinsames Ziel zu finden.

Aber in dieser Januarnacht – in diesem entscheidenden Moment der Geschichte – habt Ihr das getan, von dem die Zyniker behaupteten, wir könnten es nicht tun.

Ihr habt das getan, was der Staat New Hampshire in fünf Tagen tun kann.

Ihr habt das getan, was Amerika in diesem neuen Jahr, 2008, tun kann.

In Schlangen, die sich um Schulen und Kirchen erstreckten; in kleinen Orten und großen Städten; ihr habt euch zusammengetan als Demokraten, Republikaner und Unabhängige, um aufzustehen und zu sagen: Wir sind eine Nation. Wir sind ein Volk; und unsere Zeit der Veränderung ist gekommen. […]"

Wenn wir einen Blick in die Manuskripte der großen Redner der Geschichte werfen, dann sehen wir, wie oft ein Wort durchgestrichen wurde, wie lange um den richtigen Ausdruck gerungen wurde, wie intensiv gefeilt wurde, bis eine Formulierung treffend, kraftvoll und eindringlich wirkte. Im Anhang 2 (Seite 211) finden Sie eine detaillierte rhetorische Analyse einer ganzen Rede von Barack Obama, seiner Antrittsrede.

Rhetorische Wirkfiguren

Wir haben bisher von den Top-Rednern gelernt, wie wichtig Emotionen sind. Jetzt kommen wir zum letzten und größten ihrer Geheimnisse. Dieses Geheimnis trennt die herausragenden Redner von den exzellenten. Es trennt den ersten Platz vom zweiten, Gold von Silber. Die kostbarsten Schätze stammen von den großen Redekünstlern und Redelehrern der Antike: Aristoteles, Cicero, Quintilian. In ihren Sammlungen finden wir Meißel, Feilen und feines Schleifpapier, um aus kraftlosen Phrasen Sätze mit Durchschlagskraft und Eindringlichkeit zu produzieren. Die Namen der Werkzeuge hören sich ebenso ungewöhnlich wie wohlklingend an: Anapher, Alliteration, Chiasmus oder Klimax. Es handelt sich beim letzten Geheimnis erfolgreicher Top-Präsentatoren und Excellent-Speaker um den Einsatz rhetorischer Wirkfiguren.

Intensität der Emotionen variieren

Bisher ging es um die Auswahl der richtigen Emotionen. Jetzt, beim letzten Geheimnis, geht es um die Intensität der Emotionen. Jetzt geht es darum, die emotionale Wirkung zu verstärken. Es geht jetzt nicht mehr nur um eine bestimmte Wirkung, sondern um den Wirkungsgrad der Reaktion, den die Worte im Zuhörer auslösen, ähnlich einem Regler, mit dem wir die Lautstärke variieren können: von laut nach leise, von hauchend nach hämmernd, von eingängig bis eindringlich.

Wenn wir Menschen im Innersten berühren wollen, dann müssen unsere Worte erst dorthin gelangen. Wir müssen treffen – also brauchen wir treffende Worte. Die Worte müssen eindringen durch Schichten von Ablenkung, Desinteresse und Widerstand – also brauchen wir eindringliche Formulierungen. Sie müssen Durchschlagskraft haben – als müssten wir sie zuspitzen, bis sie durchdringend werden wie Pfeile. Erinnern wir uns noch einmal an die Worte des Meisters der Zuspitzung Mark Twain: „Der Unterschied zwischen dem richtigen Wort und dem beinahe richtigen Wort ist der gleiche, wie der zwischen einem Blitz und einem Glühwürmchen."

Emotionale Rhetorik geht in drei Schritten vor:

1. **Kernbotschaft**: Auswahl der treffenden Inhalte
2. **Highlights:** Die Kernbotschaft so inszenieren und verkörpern, dass die erwünschte Emotion erzeugt wird
3. **Verstärkung**: Die richtige emotionale Intensität bestimmen (rhetorischer Feinschliff)

Beispiel

Bleiben wir bei der Iowa-Rede von Obama mit ihren drei Kernbotschaften Hope, Unity, Change und schauen wir uns an, wie Obama bei seinen Anhängern das Gefühl von Hoffnung/Ermutigung erzeugt:

Rede:	Stilmittel:
Hoffnung ist das, *was ich in den Augen der jungen Frau aus Cedar Rapids sah,* *die nach einem vollen Tag am College in der Nachtschicht arbeitet, und sich trotzdem keine Gesundheitsfürsorge für die kranke Schwester leisten kann.*	Anapher/Dreierfigur Exemplum Antithese Antithese
Eine junge Frau, die immer noch daran glaubt, dieses Land könne ihr die Chance geben, ihre Träume zu leben.	Repetitio Symbolismus
Hoffnung ist das, *was ich in der Stimme der Frau aus New Hampshire hörte, die mir erzählte, dass sie kaum mehr atmen könne, seit ihr Neffe in den Irak ging. Die immer noch jede Nacht für seine sichere Rückkehr betet.*	Anapher/Dreierfigur Parallelismus Hyperbel Narratio Exemplum

Hoffnung ist das,	Anapher/Dreierfigur
was eine Gruppe von Kolonisten dazu führte,	
sich gegen ein Imperium aufzulehnen.	Symbolismus
*Was die **G**rößten der **G**enerationen dazu*	Alliteration
anführte, einen Kontinent zu befreien und	
eine Nation zu heilen. Was junge Frauen und	Symbolismus
junge Männer dazu brachte,	Repetitio
zum Zwecke der Freiheit	
**Sit-Ins an Lunch-Countern zu veranstalten,*	Exempel
Feuerwehrschläuchen zu trotzen und durch	Trikolon, Klimax
Selma und Montgomery zu marschieren.	Synekdoche

*„*Sit-Ins an Lunch-Countern*" steht für die Studentenbewegung. „*Feuerwehrschläuchen trotzen*" steht für Trotz gegen staatliche/polizeiliche Gewalt. „*Selma-und-Montgomery-Märsche*" steht für die amerikanische Bürgerrechtsbewegung. Die Aufgabe der Synekdoche ist in diesem Fall, mit wenigen Worten ein ermutigendes Kopfkino zu erzeugen, indem assoziativ an mutige Taten einfacher Menschen erinnert wird, die mit ihrem Mut Geschichte geschrieben haben. Mit wenigen Worten wird die hoffnungsvolle Botschaft „Was damals möglich war, ist auch heute möglich" eindrücklich auf das heutige Publikum übertragen.

1. Kernbotschaften: Hope – Hoffnung im Sinne von Ermutigung in schweren Zeiten

2. Highlights: Betroffenheit durch persönliche Schicksale; Hölle-Beispiele (dunkle Tasten) – Ermutigung durch ermutigende Beispiele der amerikanischen Geschichte

3. Verstärkung: Feinschliff mit Anapher, Klimax, Parallelismus, Repetitio, Exemplum, Hyperbel, Narratio, Antithese, Alliteration, Synekdoche, Symbolismus

Ausführlich erläutert finden Sie diese Stilmittel im dritten Teil.

3. Die Prinzipien emotionaler Verstärkung

Kernbotschaften verstärken

Wie lassen sich unsere Kernbotschaften und deren emotionale Inszenierung verstärken? Welches sind die Prinzipien, nach denen diese Verstärkungsanlage funktioniert? Welche Regler gibt es, wie funktionieren und wirken sie? Die detaillierte Erklärung und Beschreibung der wichtigsten 30 Feinregler finden Sie im dritten Teil.

Wiederholen

Wiederholungen, das Lieblingswerkzeug in Politik und Werbung, sind das einfachste und zugleich mächtigste Prinzip der Rhetorik. Sie machen einen Beitrag einfach, glaubwürdig und eindringlich:

1. Wiederholungen senken den Energieaufwand unseres Gehirns beim Dechiffrieren einer Botschaft. Wir erfreuen so die Zuhörer, da diese dem Vortrag folgen können, ohne sich anzustrengen.
2. Die Wiederholung ist die Mutter aller Dinge! Wenn wir eine Botschaft nur oft genug gehört haben, wird sie uns vertraut, und wir glauben sie irgendwann.
3. Wiederholungen machen einen Beitrag eindringlich. Sie drehen den Regler für die emotionale Intensität des Gesagten hoch. Ohne Wiederholung prägen sich Inhalte nicht so gut ein. Dies ist empirisch durch Lern- und Vergessenskurven belegt. Demnach erhöht sich das Erinnerungsvermögen, je häufiger wir uns geistig mit einem Gegenstand auseinandersetzen. Häufige, gezielte Nutzung von neuronalen Aktionspotenzialen macht diese schneller und stabiler, wie eine häufig genutzte Schneespur.

Rhetorische Stilmittel: Alliteration, Anadiplose, Anapher, Epipher, Klimax, Parallelismus, Platzierung, Repetitio, Trikolon.

Rhythmisieren

Wirkungsvolle Formulierungen haben einen eingängigen Rhythmus. Menschen haben schon früh erkannt, dass es einfacher ist, sich etwas zu merken, wenn es rhythmisch ist, und gaben ihre Erfahrungen in Gedichten und Liedern weiter. Wollen Sie also Ihre Botschaften nachhaltig verankern, setzen Sie auf die Macht der Rhythmen.

Rhetorische Stilmittel: Alliteration, Anadiplose, Anapher, Brevitas, Epipher, Klimax, Parallelismus, Trikolon.

Ordnen

Es fällt uns leichter, einem Beitrag zu folgen, wenn wir eine Ordnung darin erkennen. Vom ersten zum zehnten Modul, vom Kleinen zum Großen, vom Unwichtigen zum Wichtigen, von der Theorie zum Beispiel, vom Anfang zum Ende, von der Vergangenheit in die Zukunft. Auch hier wird Dechiffrierungsenergie in unserem Gehirn gespart. Außerdem erhöht die Vorhersagbarkeit das gute Gefühl der Kontrolle: Der Zuhörer weiß jederzeit, wo er gerade ist und was ihn als nächstes erwartet. Das Publikum kann mühelos der Rede folgen.

Rhetorische Stilmittel: Antithese, Chiasmus, Evidentia, Exemplum, Klimax, Parallelismus, Platzierung, Repetitio, Trikolon.

Steigern (Amplificatio)

Wenn wir steigern, ist das so, als ob wir am Hauptschalter drehen, der die Intensität der Emotionen steuert. Gesteigert wird vom Kleinen ins Große (Klimax), wenn wir Emotionen erregen wollen und vom Großen ins Kleine (Anti-Klimax), wenn wir Emotionen dämpfen wollen. Fakten, die für Sie oder Ihre These sprechen, machen Sie „groß" – das bedeutet, Sie widmen ihnen Redezeit, Sie visualisieren sie, vergleichen sie mit etwas Größerem, inszenieren sie aufwendig. Dieses rhetorische Prinzip heißt Amplificatio. Fakten, die gegen Sie sprechen, machen Sie „klein". Sie gehen entweder nicht auf sie ein, oder Sie gehen nebensächlich auf sie ein, Sie relativieren sie, visualisieren sie auf keinen Fall, verpacken sie nicht rhetorisch. Denken Sie an den Hinweis über die Nebenwirkungen in der TV-Werbung für Arzneimittel!

Rhetorische Stilmittel: Imperativ/Slogans, Hyperbel, Klimax, Platzierung.

Kürzen Prägnanz erzeugen wir, wenn wir uns auf das Wesentliche beschränken: kurze Sätze, knackige Formulierungen, plakative Aussagen. Auch hier spart unser Gehirn wieder Dechiffrierungsenergie und erfreut sich an der Effizienz der Rede. Dadurch hat diese eine hohe Wahrscheinlichkeit, wohlwollend aufgenommen zu werden, vor allem von Menschen im Publikum, die hohen Wert auf Knappheit, Klarheit und Kürze legen. Dieses rhetorische Prinzip wird „Brevitas" genannt und eignet sich hervorragend, um Ihre zentralen Botschaften in kurze und knackige Slogans zu gießen.

Rhetorische Stilmittel: Antithese, Brevitas, Imperativ/Slogan, Spruch/Zitat, Wortspiel.

Häufen Auch das gegenteilige Prinzip kann einen Beitrag verständlicher für das Gehirn Ihrer Zuhörer machen. Durch Häufung können wir vor allem komplizierte oder abstrakte Dinge begreifbarer machen, da wir durch Umschreibungen viele Sichtweisen auf ein Thema anbieten. So kann jeder Zuhörer sich die Perspektive aussuchen, die für ihn am besten zugänglich ist. Gehäuft werden kann auch inhaltlich mit Übertreibungen und Steigerungen.

Rhetorische Stilmittel: Asyndeton, Evidentia, Exemplum, Hyperbel, Klimax, Narratio, Platzierung, Repetitio.

Kontrastieren Ein beliebtes Mittel der politischen Rede ist die Antithese, der Kontrast: rechts – links, oben – unten, schwarz – weiß, hell – dunkel. Aber auch im wirtschaftlichen Kontext lässt sich mit der Antithese effektiv formulieren: schnell – langsam, verschwenderisch – profitabel, kompliziert – einfach etc. Jeder erfolgreiche Film, jeder spannende Roman, aber auch jede mitreißende Rede lebt von dem Gegensatz von Gut und Böse. Die Wirkungsweise von Antithesen: Der dunkle Anti-Wert lässt meinen Wert noch heller leuchten. Ein echtes Highlight also. Gesteigert werden kann die Antithese noch dadurch, dass die Gegenmeinung in der Rede durch meine These widerlegt wird (Concessio, Prolepsis) oder gar der Lächerlichkeit preisgegeben wird wie mit der Ironie.

Rhetorische Stilmittel: Antithese, Chiasmus, Concessio, Ironie, Prolepsis, Verzicht, Oxymoron.

Überraschen

Wenn wir uns an einen Reiz gewöhnen, dann erreicht er nicht mehr das nötige synaptische Erregungsniveau, um unser Bewusstsein zu erreichen. Das nennt sich Habituation, Gewöhnung. Diese Gruppe der rhetorischen Wirkfiguren bricht mit der Erwartung und erzeugt so einen neuen, originellen Reiz, der eine Chance hat, unsere Aufmerksamkeit zu fesseln. Dabei kann es sich um Wortneuschöpfungen, ungewöhnliche Worte, unerwartete Satzkonstruktionen, nicht vorhersehbare Perspektiven oder Umkehrungen (Paradoxien/Ironie) handeln.

Rhetorische Stilmittel: Analogie, Brevitas, Concessio, Evidentia, Imperativ/Slogan, Ironie, Metapher, Narratio mit überraschender Wendung, Prolepsis, Spruch/Zitat, Wortspiele, Oxymoron.

Anregen

Diese Gruppe rhetorischer Figuren macht sich die denkanregende Kraft von Fragen zunutze. Fragen haben im Vergleich zu Behauptungen den großen Vorteil, dass sie den Aufmerksamkeitsschalter im Gehirn des Zuhörers auf „an“ stellen. Fragen regen zum Nachdenken an und halten als schönen Nebeneffekt das Publikum wach. Mit Fragen ziehen Sie im Nu Ihr Publikum aus dessen Welt in Ihre. Fragen überzeugen, da sie weniger Druck aufbauen als Behauptungen. Da Druck Gegendruck erzeugt, sinkt durch Fragen der Widerstand im Publikum gegen Ihre Position. Fragen machen aber auch neugierig. Sie können mit Fragen einen Spannungsbogen auf die Antwort/Lösung hin aufbauen, wenn Sie sie nicht sofort beantworten.

Rhetorische Stilmittel: Rhetorische Frage; direkte Fragen ans Publikum.

Beleben

Die Aufmerksamkeitsforschung kann belegen, dass nichts unsere Aufmerksamkeit so fesselt wie menschliche Gesichter. Das Belebte fasziniert uns mehr als das Unbelebte, das Bewegte mehr als das Starre, das Konkrete mehr als das Abstrakte. Dieses Prinzip macht sich eine Gruppe rhetorischer Figuren zunutze, die Eigenschaften belebter Wesen auf unbelebte Objekte überträgt. Dadurch wird ein Vortrag anschaulich, originell und dynamisch. Sie können zum Beispiel Objekte in direkter Rede sprechen lassen und schon ist Ihr Vortrag lebendiger und amüsanter. Sie können auch den anderen Weg gehen und das Belebte unbelebt machen, wenn Sie beispielsweise einen jungen Menschen „Stütze meines Alters" nennen oder Ihren Gegner „Betonklotz".

Rhetorische Stilmittel: Analogie, Personifizierung, Metapher, Synekdoche

Vergleichen

Was wir in frühester Kindheit lernen, wird zum Fundament für weiteres Lernen. Neuer Stoff muss an vorhandenes Wissen angeknüpft werden. Nur so kann ein stabiles Wissensnetz entstehen. Analogien und Metaphern sind hilfreich beim Verstehen. Sie sind Strukturen, um Dinge auf der Basis von Vorhandenem zu verstehen und zu verknüpfen (das Neue ist so ähnlich wie das Bekannte/das Neue entspricht dem Bekannten so: …). Wichtig ist es, die Vergleiche in der Lebenswelt der Zuhörer zu suchen.

Rhetorische Stilmittel: Analogie, Exemplum, Metapher, Synekdoche

Offenheit der Bedeutung

Je abstrakter ein Substantiv, umso offener/leerer ist die universelle Bedeutung. Was verstehen Sie unter Freiheit? Oder unter Liebe? Was bedeutet für Sie Organisation? Wenn Sie solche leeren Worthülsen benutzen, kann jeder Zuhörer sie mit seinen eigenen Bedeutungen, Werten und Erfahrungen auffüllen. Diese Art von Leerhüllen-Rhetorik machen sich Werbung und Politik zunutze. Mit Abstraktionen kann man viele unterschiedliche Bedürfnisse auf einmal ansprechen und scheinbar erfüllen. Mit Abstraktionen kann man viel versprechen – jedoch nie etwas Konkretes.

Rhetorische Stilmittel: Symbolismus, Synekdoche

4. Die Kraft positiver und negativer Emotionen

Das wichtigste Prinzip der Rhetorik: der Kontrast

Klarheit und Überzeugung durch Kontraste

Es gibt ein ganz besonders wichtiges Prinzip in der Rhetorik: der Kontrast. In der Rhetorik geht es immer darum, Dinge griffig zu machen, klar, einleuchtend, verständlich. Außerdem geht es darum, Menschen zu überzeugen: vom richtigen Ziel, vom besseren Weg, von einer vernünftigen Meinung. Gibt es einen richtigen Weg, dann gibt es immer auch einen falschen. Gibt es ein edles Ziel, dann gibt es immer auch ein verwerfliches. Gibt es meine Partei, so gibt es – zumindest in der Demokratie – immer auch eine Gegenpartei. Gibt es mein Produkt, so gibt es meist noch hundert andere. Je heller sich meine Meinung vom dunklen Hintergrund abhebt, je strahlender mein Ziel in einer dunklen Zeit leuchtet, umso mehr Anziehungskraft haben beide auf mein Publikum. Erst der Kontrast von untragbarem Ist-Zustand und herrlichem Soll-Zustand, von meinem richtigen Weg und dem falschen Weg der Gegenpartei – erst dieser Kontrast macht mich, mein Anliegen und mein Vorgehen hell, leuchtend und strahlend.

Die Kontrast-Technik

Die Kontrast-Technik ist *das* Highlight schlechthin. Ohne sie ist die Rhetorik blass, farblos und lauwarm. Das bedeutet nicht, dass Ihre Rede nicht kritisch und differenziert sein darf, im Gegenteil. Der kritische Geist ist meist scharf und klar. Ihre Rede darf nur nicht schwammig sein. Probieren Sie diese Technik aus und erleben Sie, wie Sie die Menschen verändern.

Zuckerbrot und Peitsche

Emotionale Highlight-Rhetorik arbeitet vor allem mit dem Kontrast der positiven und der negativen Gefühle. Die „Think-Positive-Welle" hat uns irrtümlicherweise glauben lassen, alles müsse nur positiv dargestellt werden. Das ist falsch, denn dadurch werden wir zum zahnlosen Tiger. Gute Rhetorik ist immer Zuckerbrot und Peitsche, Paradies und Fegefeuer, Schmerz und Lust. Nur wenn wir beide Hebel einsetzen, haben wir die Kraft, etwas zu bewegen, Menschen zu verändern und Mitstreiter zu gewinnen. Es reicht oft nicht, ein leuchtendes Zielbild plastisch auszumalen. Das findet das Publikum zwar ganz nett – doch es ist die Frage, ob es danach wirklich nie wieder Tiere aus Massentierhaltung isst, täglich joggen geht oder Ihre Partei wählt. Ich glaube nicht, denn es fehlt die motivierende Kraft des Schmerzes. Rhetorik ohne die dunklen Tasten ist Kuschelrhetorik. Wir haben uns alle lieb, wir fühlen uns alle wohl – aber wir verändern nichts.

Menschen mögen es nicht, sich zu verändern, denn das würde bedeuten, die sichere, komfortable Zone zu verlassen und neue, vielleicht riskante Wege zu gehen. Nur wenn der Schmerz groß genug ist, wird die Temperatur auf der gegenwärtigen Position so hoch (bzw. der Antrieb so stark), dass Menschen bereit sind, sich vom lieb gewonnenen Gewohnten wegzubewegen und sich zu verändern. Doch wie erhöhen wir die Temperatur bzw. Motivation für Veränderungen im Publikum? Indem wir auch die schwarzen Tasten zum Klingen bringen: Zorn, Besorgnis, Angst, Scham, Provokation oder Schock. Nur mit den schwarzen Tasten können wir die Bereitschaft für Veränderungen im Denken, Fühlen und Handeln unserer Zuhörer erhöhen.

Frohmedizin und Drohmedizin

Stellen Sie sich vor, Sie sind beim Arzt, und er möchte Sie dazu motivieren, gesünder zu leben. Er kann nun auf den hellen Tasten Zielbilder von Leichtigkeit, Freude und Liebe malen, die Sie magnetisch zum gesunden Leben ziehen; oder er spielt auf den dunklen Tasten und erhöht über Angst und Schrecken vor verkalkten Gefäßen, trägen Hirnzellen und speckigen Hüftringen die Betriebstemperatur für Ihre Veränderung. Der Arzt und Redner Dr. Ulrich Strunz nennt diese beiden Richtungen „Frohmedizin" und „Drohmedizin“ (Strunz 2002, 215), und er versteht es meisterlich, auf beiden Tasten zu spielen:

Weiße Taste	Schwarze Taste
„Trinken Sie sich schlank, jung und satt. Getränke füllen den Magen, der Braten passt einfach nicht mehr rein. Sie haben keinen so großen Hunger mehr, und Ihr Körper hilft Ihnen, ohne dass Sie sich anstrengen müssen, beim Abnehmen. Denn eine prall gefüllte Zelle aktiviert die Enzyme, die Sie zur Fettverbrennung brauchen. Die Folge: Sie nehmen konsequent ab – mit mehr Leichtigkeit und Freude.“	*„Durst heißt für den Körper: Notsituation. Er schraubt den Stoffwechsel runter und bunkert Fett, ein Kilo pro Jahr. Durstige Zellen schrumpfen und reagieren nicht mehr auf Insulin. Die Bauchspeicheldrüse muss mehr davon produzieren. Und was das bedeutet, wissen Sie ja schon: jede Menge Hüftgold! Die Folge: die Haut altert schneller, Wunden heilen schlecht, Müdigkeit, Konzentrationsschwäche, Verschlacken des Bindegewebes, Wasseransammlung im Körper. Langfristig führt Übersäuerung durch zu wenig Trinken zu Rheuma, Neurodermitis, Krampfadern, Parodontose, Bandscheibenvorfall, Magen-Darm-Erkrankungen, Herzinfarkt und Schlaganfall.“*

Spiel mit Widerständen

Ich kenne Menschen, die nach der Lektüre von Strunz’ Büchern das dringende Bedürfnis spürten, sofort drei Gläser Wasser zu trinken oder ihre verstaubten Laufschuhe anzuziehen, um leichtfüßig in den Wald zu sprinten. Das ist der ungeheure Antrieb, der vom Spiel auf der Klaviatur der positiven und negativen Emotionen ausgehen kann, der allein durch die Macht der Worte entsteht. Emotionale Rhetorik ist extrem wirkungsvoll, sie kann sogar die Widerstände der Bequemlichkeit und der Gewohnheit zum Schmelzen bringen. Emotionale Rhetorik spielt mit diesen Widerständen. Sie umschmeichelt sie, sie verführt sie, sie bezieht sie in jede Überlegung, in jeden Überzeugungsprozess mit ein. Sie geht nie frontal auf innere Widerstände – in einigen Fällen auch gut bekannt als „innerer Schweinehund" – im Publikum zu. Sie schleicht sich an, sie rüttelt auf, sie heizt auf. Das kann sie nur mit den weißen *und* mit den schwarzen Tasten.

Achtung: Die dunklen Tasten spielen Sie nur, um

- den Ist-Zustand als untragbar zu beschreiben (Hölle),
- die Gegenmeinung abzuwerten (falscher Weg; falsches Ziel; falsche Mittel) und negative Gefühle auf sie zu übertragen,
- den Meinungsgegner anzugreifen (undurchsichtige Motive; eigennütziges Vorgehen etc.) und negative Gefühle auf ihn zu übertragen.

Bringen Sie die dunklen Tasten nie in Verbindung mit sich selbst oder dem eigenen Anliegen – sonst schießen Sie ein Eigentor.

Sie spielen die hellen Tasten immer dann,

- wenn Sie sich als Person präsentieren (höheres Anliegen; ehrliche Motive),
- wenn Sie Ihre Meinung vorstellen (richtiges Ziel, richtige Lösung und die richtige Wahl der Mittel),
- wenn Sie Ihren bevorzugten Soll-Zustand als erstrebenswert ausmalen (Himmel),
- wenn Sie positive Gefühle in Verbindung mit Ihrer Person, mit Ihrem Thema und mit Ihrer Vortragsweise im Publikum erzeugen wollen.

Tabu-Tasten

Es gibt Tasten, die Sie nicht spielen sollten. Die sind tabu! Das sind alle negativen Emotionen, die sich auf Sie als Mensch oder Vortragender richten. Sie dürfen Furcht erzeugen – aber nur vor den Konsequenzen, wenn Ihr Publikum nicht in Ihrem Sinne handelt oder denkt. Aber Ihr Publikum darf nie vor Ihnen Furcht empfinden! Ihr Publikum darf Sie nie als langweilig, frustrierend oder verwirrend empfinden.

Wollen Sie wissen, wie Sie es schaffen können, virtuos auf den Tabu-Tasten zu spielen? Wie Sie auch wirklich jeden Zuhörer in Aufruhr oder in einen süßen Schlummer bringen? Dann verrate ich Ihnen jetzt die zehn besten Strategien, wie Sie es garantiert schaffen, Ihr Publikum gegen sich einzunehmen:

Die zehn besten Tipps

1. Fürchten Sie sich. Fürchten Sie sich vor dem Publikum, vor Fehlern, vor Pannen. Steigern Sie sich richtig in diese Emotion hinein. Verstecken Sie sich hinter einem Tisch oder einem Pult und bleiben Sie möglichst angewurzelt dort stehen. Behalten Sie dieses einzige Körperbild bei. Machen Sie sich kleiner als Sie sind, entschuldigen Sie sich für alles, und fangen Sie unbedingt mit etwas Negativem an. „Schade dass …" oder „Leider bin ich …" sind beim Publikum ganz besonders begehrt.
2. Sprechen Sie monoton, leise und undeutlich. Das Publikum liebt es, von Ihren Lippen zu lesen oder von Ihnen in den Schlaf genuschelt zu werden.
3. Zeigen Sie nicht zehn, nicht 20 – nein 30 PowerPoint-Folien in zehn Minuten. Und schreiben Sie diese voll mit kleinem Text. Lesen Sie ihn von der Wand ab, indem Sie Ihrem Publikum Ihren einzigartigen Rücken zeigen. Ihr Publikum freut sich riesig über die Fülle der Information, die es in Schnell-Lese-Technik ablesen darf, während es gebannt Ihrem sprechenden Rücken lauscht. Nutzen Sie bitte kein anderes Medium als PowerPoint, schließlich machen das Ihr Chef und Ihr Vorstand genauso, und wo kämen Sie karrieremäßig hin, wenn Sie Profil zeigen würden?
4. Schaffen Sie Distanz zwischen sich und Ihren Zuhörern. Ihr Publikum erstarrt vor Ehrfurcht, wenn Sie mit Fachwörtern, technischen Details und Produktmerkmalen um sich schlagen. Sprechen Sie von oben herab und zeigen Sie, dass sie alles besser wissen. Wo gibt es sonst noch einen Experten wie Sie?
5. Sprechen Sie nie, nie über Gefühle. Wer will schon ein Weichei als Redner haben? Bleiben Sie immer sachlich, zählen Sie Ihr Wissen vollständig auf, lassen Sie kein Detail aus. Vereinfachen Sie nie, denn Ihr Fachgebiet ist komplex. Wozu haben Sie es fünf Jahre lang studiert?

6. Sprechen Sie weitschweifig. Kommen Sie vom Hundertsten ins Tausendste. Verlieren Sie sich im Kosmos der unendlichen Weiten der Sprache. Sie wollen das Publikum doch nicht mit zugespitzten Formulierungen verletzen?
7. Beschäftigen Sie sich auf keinen Fall mit den Sorgen, Nöten, Wünschen und Zielen Ihres Publikums. Sprechen Sie Ihrem Publikum nie in die Herzen, denn die haben keine Ohren. Wo würden Sie da hinkommen, wenn Sie sich jedes Mal neu auf Ihr Publikum einstellen müssten? Effizienz sieht anders aus. Ein Vortrag für alle! Ihr Publikum wird diese Effizienz bestimmt bewundern.
8. Machen Sie die Aufzählung zum Stilmittel Ihrer Wahl. Reihen Sie einfach viele Inhalte hintereinander auf. Nutzen Sie bitte keine spannende Dramaturgie, keine Vergleiche, keine Geschichten, keine Beispiele. Wir sind doch nicht beim Theater!
9. Lassen Sie keine Fragen aus dem Publikum zu. Sollte doch eine kommen, bügeln Sie sie ab. Auf Einwände bitte frontal schießen. Zeigen Sie dem kritischen Geist Ihre Zähne. Kämpfen Sie mit dem Angreifer auf Messers Schneide und vergessen Sie dabei bitte den Rest des Publikums. Vielleicht können Sie sich auch auf Kosten eines Fragestellers erhöhen und etwas ironisch auf seine dumme Frage eingehen. So zeigt man Stärke, so verschafft man sich Respekt!
10. Kommen Sie nie zum Ende. Machen Sie keinen Abschluss. Sagen Sie dem Publikum nicht, was Sie von ihm erwarten. Das bleibt Ihr Geheimnis. Nehmen Sie Ihr Geheimnis wieder mit nach Hause. Schließlich wollten Sie ja mit Ihrem Vortrag nichts Bestimmtes bewirken, sondern nur mal ein bisschen reden. Wenn das Publikum applaudiert, winken Sie energisch ab, schütteln bescheiden den Kopf und verlassen sichtbar erleichtert den Folterplatz.

Sie sehen, auch so kann man Emotionen erzeugen. Nur leider die falschen ☺.

5. Emotional Brain: Alle Entscheidungen sind emotional

Von Emotionen gelenkt

Emotionen sind also der Schlüssel zum Menschen. Ohne Emotionen gibt es kein Vorankommen als Redner. Emotionen sind es, die dafür sorgen, dass Ihre Botschaft ankommt. In der täglichen Informationsflut sind es die Emotionen, die die Aufmerksamkeit lenken, Entscheidungen herbeiführen und Orientierung bieten. Es lohnt sich, einen Blick in unser Gehirn zu werfen, um zu verstehen, was dort passiert, wenn eine Rede vorbereitet, gehalten und rezipiert wird. Sie werden nicht nur bessere Reden halten, wenn Sie wissen, wie das Gehirn Ihrer Zuhörer funktioniert. Sie werden insgesamt präziser und gewinnender kommunizieren. Sie werden viel erfolgreicher sein, wenn Sie wissen, was mit Ihrer Botschaft geschieht, nachdem sie sich auf den Weg in das Gehirn Ihrer Zuhörer gemacht hat. Dieses Kapitel verrät Ihnen die Antwort auf folgende spannende Fragen:

- Was passiert im Gehirn der Zuhörer mit unseren Botschaften?
- Warum wird die eine als gewinnend, die andere als langweilig und die dritte gar als abstoßend bewertet und empfunden?
- Was macht die gewinnende Botschaft so anziehend und verführerisch?
- Was kann sie, was die langweilige und die abstoßende Botschaft nicht können?
- Wie produziere ich Botschaften vom Typ „gewinnend"?

Reise durch das Gehirn

Begleiten Sie mich auf eine kurze Reise durch das menschliche Gehirn und verfolgen wir dabei gemeinsam unsere gewinnende Botschaft auf ihren 12 Stationen vom Kopf des Redners bis zum Applaus des Publikums. Wir folgen ihr durch die Sinne zu einem strengen Zensor, dem limbischen System. Wir schauen ihr dabei zu, wie sie ihn überzeugt, sie ins Bewusstsein vorzulassen. Wir begleiten sie bei ihren kurzen Besuchen bei der Assoziation und der Erinnerung, nehmen Kenntnis von ihrer Freundschaft mit dem Belohnungszentrum und staunen darüber, mit welcher Anmut sie die richtigen Antriebsstoffe und Glückshormone hervorlockt. Und schließlich sind wir mit ihr zusammen stolz auf ihren beeindruckenden Erfolg: den begeisterten Applaus der Zuhörer.

Angenommen, Sie wollen einen Vortrag halten zum Thema „Motivation". Ihr Anliegen ist es, sich einen Ruf als führender Gesundheitsexperte und ein Image als Top-Redner aufzubauen. Sie wollen einen packenden und herausragenden Vortrag halten. Sie wollen also möglichst viele gewinnende Botschaften produzieren. Eines Ihrer Ziele ist es, Ihre Zuhörer zum morgendlichen Joggen zu motivieren. Ihre Zuhörer sollen jeden Morgen joggen, möglichst mit nüchternem Magen. Keine leichte Aufgabe – denn für 90 % von uns bedeutet diese Botschaft: innere Widerstände und negative Gefühle, ganz abgesehen von all den negativen unbewussten Assoziationen zum Frühsport, die wir implizit gelernt und gespeichert haben.

Doch gerade deshalb ist dieses Beispiel so spannend. Weil es aus einer für 90 % der Zuhörer negativen, abstoßenden Botschaft mithilfe der emotionalen Highlight-Rhetorik eine gewinnende, motivierende Botschaft machen soll.

1. Station: Start als treffende Kernbotschaft

Bevor Sie auch nur eine Zeile zu Papier bringen, legen Sie den Stift aus der Hand oder klappen Sie Ihr Notebook zu. Denn bevor Sie Ihre Botschaft „Täglich früh joggen" zu einer treffenden Kernbotschaft machen können, sollten Sie sich zuerst fragen:

- Wen möchte ich überhaupt treffen (motivieren/begeistern)?
- Wohin genau muss ich überhaupt treffen?

Bestimmen Sie zuerst den Mittelpunkt der Zielscheibe, den Ihre Botschaft treffen soll, bevor Sie losschießen. Wen ich in meinen Seminaren meine Teilnehmer frage, wohin genau ihre Worte treffen sollen, dann antworten die meisten: „Ins Herz der Zuhörer“. Sie haben im übertragenen Sinne Recht. Das Schöne ist, dass wir es heute genauer wissen. Die Neurokommunikation sagt uns genau, wie das Organ heißt, das das Schwarze der Zielscheibe darstellt. Es handelt sich um das limbische System Ihrer Zuhörer. Das limbische System ist ein sehr alter Teil des Gehirns, in dem Informationen gefiltert und emotional bewertet werden. Stellen Sie es sich wie einen strengen Wächter vor dem Großhirn vor. In einer ersten Prüfung bewertet er, welche Botschaften überhaupt zum Großhirn vorgelassen werden und somit ins Bewusstsein gelangen. Er decodiert die Botschaft auf ihre limbische Bedeutung hin. In einem zweiten Prüfschritt bewertet er, ob es sich um eine positive oder negative Botschaft handelt, und markiert die Botschaften mit Gefühlsmarkern, den sogenannten somatischen Markern. Das können Sie sich so ähnlich vorstellen, als ob er Ihren Botschaften kleine Post-its anheftet, auf denen beispielsweise „langweilig!“ oder „spannend!“ oder „misstrauisch“ oder „vertrauenswürdig“ oder „ärgerlich“ oder „erfreulich“ steht. Das limbische System entscheidet also darüber, ob Ihre Botschaft mit positiven oder negativen Emotionen markiert im Großhirn und im Gedächtnis Ihrer Zuhörer ankommt.

Nun wäre es natürlich extrem hilfreich für Sie, wenn Sie wüssten, nach welchen Kriterien das limbische System entscheidet. Und auch hier liefert die Neurokommunikation präzise Antworten. Das limbische System entscheidet nach folgenden Kriterien:

1. Kann es mir schaden?
2. Nützt es mir?

Diese zwei Fragen sind die biologische Ursache dafür, dass Top-Redner immer die hellen und die dunklen Tasten spielen. Und sie sind die biologische Grundlage für die sogenannte Nutzen-Argumentation, die in jedem Rhetorikkurs gepredigt wird. Ich muss also – will ich eine treffende Botschaft formulieren – meinem Zuhörer seinen Nutzen verdeutlichen.

Das 1. und 2. Gebot der Neurorhetorik
Himmel und Hölle, helle und dunkle Tasten – das ist das erste Gebot der Neurorhetorik, um eine gewinnende Botschaft zu erzeugen. Das zweite Gebot heißt: Bieten Sie Ihrem Zuhörer limbischen Nutzen.

Doch nun wird es spannend. Nutzen ist nicht gleich Nutzen. Der eine möchte durch Joggen zum Sieger werden, der andere die Natur mit Gleichgesinnten genießen. Der eine möchte gesund bleiben, der andere möchte seine Grenzen erleben – egal, ob seine Kniegelenke dabei kaputtgehen. Hier gibt es wieder eine gute Nachricht aus der Neurokommunikation: Obwohl die Zahl möglicher Nutzen-Argumente unendlich groß ist, werden sie alle von nur vier biologischen Programmen generiert:

1. Gewinn/Verlust
2. Sicherheit/Unsicherheit
3. Verbundenheit/Einsamkeit
4. Fortschritt/Rückschritt

Das limbische System filtert und bewertet also nach vier Programmen, den sogenannten limbischen Instruktionen (Häusel, 2003ff). Diese Programme laufen permanent unbewusst ab und markieren alle Botschaften.

Programme sichern Überleben

Nützlich oder wichtig ist für das limbische System nur, was uns hilft, möglichst gut zu überleben. Folgende unbewusste Nutzen-Fragen werden also durch die limbischen Hintergrundprogramme, die limbischen Instruktionen (Häusel, 2003) ständig ausgelöst:

1. **Gewinn**: Macht es mich stärker, besser, erfolgreicher als andere?
2. **Sicherheit:** Macht es mein Leben sicherer, verlässlicher, vorhersehbarer?
3. **Verbundenheit:** Bringt es mir soziale Geborgenheit und harmonische Verbundenheit?
4. **Fortschritt:** Hilft es mir Neues zu entdecken? Ist es spannend und abwechslungsreich?

Diese evolutionären Programme sind uralt, und ihre einzige Funktion ist es, unser Überleben bestmöglich zu sichern. Folgen wir den Programmen, dann werden wir mit positiven Emotionen belohnt – folgen wir ihnen nicht, werden wir mit negativen Emotionen bestraft. Im limbischen System befindet sich das Belohnungs- und das Bestrafungssystem – und je nachdem, ob Ihre Botschaft eine Belohnung oder eine Bestrafung darstellt, aktiviert sie die entsprechenden Areale.

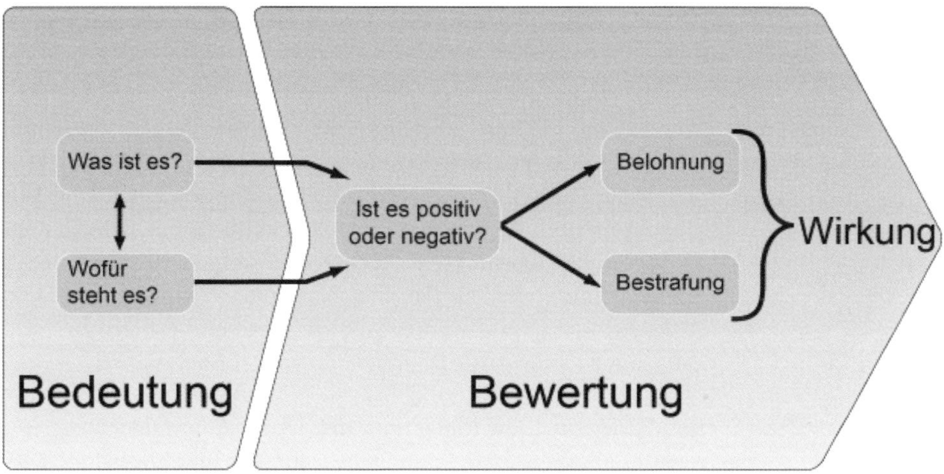

Abb. 1: Decodierung der Bedeutung einer Botschaft im limbischen System (nach Scheier und Held, 2009)

Das 3. Gebot der Neurorhetorik:
Achten Sie darauf, dass Ihre Botschaft eine Belohnung darstellt und mitten ins Belohnungssystem Ihrer Zuhörer trifft. Lassen Sie mit Ihrer Botschaft Antriebsbotenstoffe und Glückshormone sprudeln. Das ist die neurobiologische Grundlage der „hellen Tasten“:

1. Gewinn
2. Sicherheit
3. Verbundenheit
4. Fortschritt

Das 4. Gebot der Neurorhetorik:
Aktivieren Sie das Bestrafungssystem immer dann mit Ihren Botschaften, wenn Sie über untragbare Ist-Zustände, Ihre Meinungsgegner oder die Konsequenzen sprechen, die sich bei Ihren Zuhörern einstellen, wenn Sie Ihre Lösung nicht befolgen. Das ist die neurobiologische Grundlage der dunklen Tasten:
1. Verlust
2. Unsicherheit
3. Einsamkeit
4. Rückschritt

Einfluss der limbischen Instruktionen

Tun wir, was die limbischen Instruktionen uns vorschreiben, und werden immer erfolgreicher, sicherer, beliebter und entwickeln uns weiter – dann werden wir mit guten Emotionen belohnt. Wir fühlen uns stolz, stark, selbstsicher, aufgehoben, frei. Befolgen wir die limbischen Instruktionen nicht, dann verlieren wir, wir versinken im Chaos, werden von Gleichgesinnten gemieden und sind rückschrittlich – und werden mit schlechten Emotionen bestraft. Wir fühlen uns wütend, ängstlich, traurig, einsam, schwer.

8 Emotionsfelder

Kombinieren wir die limbischen Instruktionen mit den dazugehörigen Emotionen, dann kommen wir auf acht Emotionsfelder. Diese sind, wie wir später sehen werden, die acht wichtigsten Tasten der emotionalen Highlight-Rhetorik und bilden die Struktur des zweiten Teils dieses Buches. Spielt der Vortragende auf diesen vier hellen und vier dunklen Tasten, dann bringt er tiefe archaische Programme in uns zum Schwingen, die direkt mit unseren Emotionen in Verbindung stehen. Nur so kann er eine berührende, bewegende und schließlich begeisternde Rede halten. Und dies sind die acht machtvollen Tasten der emotionalen Highlight-Rhetorik:

Limbische Instruktion	Belohnung	Bestrafung
Gewinn Verlust	Emotionsfeld 1 **Kraft, Stolz, Siegesgefühle**	Emotionsfeld 2 **Ärger, Zorn**

Limbische Instruktion	Belohnung	Bestrafung
Sicherheit Unsicherheit	Emotionsfeld 3 **Sicherheit, Vertrauen**	Emotionsfeld 4 **Besorgnis, Angst**
Verbundenheit Einsamkeit	Emotionsfeld 5 **Sympathie, Berührung**	Emotionsfeld 6 **Betroffenheit, Mitgefühl, Trauer**
Fortschritt Rückschritt	Emotionsfeld 7 **Verblüffung, Spannung, Faszination**	Emotionsfeld 8 **Langeweile, Ironie, Zynismus, Provokation**

Instruktionen verschieden ausgeprägt

Die einzelnen limbischen Instruktionen sind nicht bei jedem Menschen gleich stark ausgeprägt. Bei dem einen hat die Gewinner-Instruktion ein größeres Gewicht. Ein Mensch mit so einem limbischen Wächter lässt dann eher Botschaften ins Bewusstsein, die Größe, Dominanz und Siege versprechen. Also sollte der Redner mehr die Emotionsfelder 1 und 2 nutzen, wenn er diesen Zuhörertyp wirklich gewinnen möchte. Ein zweiter hat eine stärkere Sicherheits-Instruktion: Er bevorzugt eher Botschaften, die Einfachheit, Sicherheit und Verlässlichkeit versprechen. Ein dritter besitzt eine stärkere Verbundenheits-Instruktion. Sein limbischer Wächter lässt dann eher die Botschaften durch, die ihm Liebe, Anziehung und Harmonie in Aussicht stellen. Und ein vierter besitzt eine laute Entdecker-Instruktion (Fortschritt/Rückschritt). Dessen limbischer Wächter bevorzugt die Botschaften, die aufregend neu, anders als die anderen, verblüffend, originell sind.

Das 5. Gebot der Neurorhetorik:
Was genau eine gewinnende Botschaft ist, entscheidet das limbische Lieblingsprogramm Ihrer Zuhörer. Und das kann sich ganz gewaltig von Ihrem limbischen Lieblingsprogramm unterscheiden. Was für den einen eine Belohnung ist, kann für andere eine Bestrafung sein.

Konflikte vermeiden

Denken Sie an die vielen Konflikte und Missverständnisse, die wir, oft ungewollt, mit anderen haben. Hier liegt der neurobiologische Grund dafür, dass wir mit unseren Worten und Argumenten so meilenweit „daneben" liegen können, dass wir andere ungewollt verletzen oder in Abwehrhaltung bringen, oder dass Vorträge so gähnend langweilig sein können. In all diesen Fällen haben wir dann voll ins Bestrafungssystem getroffen, obwohl wir unser Bestes gegeben haben. In der Sprache der Neurokommunikation heißt das: Wir haben uns selbst befeuert, wir haben auf unser eigenes Belohnungskonto eingezahlt, wir haben unserem eigenen unbewussten Lieblingsprogramm die Rolle eines Autopiloten überlassen, der die Rede selbstverliebt für uns schreibt.

Das 6. Gebot der Neurorhetorik:
Schalten Sie bei der Vorbereitung Ihren limbischen Autopiloten ab und Ihren Piloten (Großhirn) ein. Zahlen Sie nicht nur auf Ihr eigenes Belohnungskonto ein, sondern fragen Sie sich bei einem größeren Publikum: Wie kann ich auf alle vier Konten einzahlen?

Limbische Kommunikation gezielt nutzen

Wenn Sie dieses Gebot beherzigen, dann können Sie mit Worten bewegen. Dann treffen Sie mit Ihren Worten, Argumenten und Demonstrationen mitten ins Antriebs- und Belohnungssystem Ihrer Zuhörer. Hier, im limbischen System, werden Entscheidungen gefällt. Hier wird für oder gegen Sie entschieden. Hier wird über Aufträge, Ressourcen und Aufstieg entschieden. Also lohnt es sich, mit den limbischen Programmen und der limbischen Kommunikation vertraut zu werden. Große Konzerne, große Marken haben die Macht des limbischen Systems schon längst entdeckt und nutzen die limbische Kommunikation gezielt und bewusst, um permanent auf das Konto der Belohnung ihrer Kunden einzuzahlen und uns Konsumenten Wohlgefühle und Belohnungen zu ermöglichen und so unser Kaufverhalten zu steuern (vgl. Häusel 2003ff.). Werden auch Sie zur anziehenden Marke, werden auch Sie zu einem begehrten Publikumsmagneten!

Da das Belohnungsprogramm Ihrer Zuhörer vielleicht ein anderes ist als Ihres, ist es wichtig, die Botschaft auf das bevorzugte Programm Ihrer Zielgruppe abzustimmen. Und da bei einem Vortrag oft sehr viele Menschen anwesend sind und wir alle im Besitz aller Instruktionen sind (nur in unterschiedlich starker Ausprägung) empfiehlt es sich, möglichst alle limbischen Instruktionen anzusprechen. Wenn Sie vor einem sehr homogenen oder kleinen Teilnehmerkreis sprechen, dann recherchieren Sie und befragen Sie Teilnehmer oder Veranstalter. Die vorherrschenden Motive sollte jeder erfolgreiche Redner im Vorfeld recherchieren. Er fragt sein Publikum oder seine Auftraggeber: „Was ist Ihnen wichtig? Worauf legen Sie großen Wert?“

Alle Instruktionen ansprechen

Das 7. Gebot der Neurorhetorik:
Ergründen Sie die Belohnungslandkarte Ihrer Zuhörer. Recherchieren Sie im Vorfeld und flechten Sie folgende Fragen ein:

- Worauf legen Sie Wert?
- Gibt es etwas, was auf keinen Fall sein soll? (Bestrafungslandkarte ergründen)

Lassen Sie uns nun gemeinsam unsere Botschaft „Geh täglich morgens joggen“ limbisch deklinieren:

Limbische Deklination der Botschaft

Limbische Instruktion	**Belohnungserwartung** (wenn Botschaft befolgt wird)	**Bestrafungserwartung** (wenn Botschaft nicht befolgt wird)
Gewinn	*„Dann wirst du stark und fit und gehörst zu den Gewinnern!“*	*„Dann wirst du schlapp und träge, und andere ziehen an dir vorbei!“*
Sicherheit	*„Dann bleibst du gesund!“*	*„Dann wirst du krank!“*

Limbische Instruktion	**Belohnungserwartung** (wenn Botschaft befolgt wird)	**Bestrafungserwartung** (wenn Botschaft nicht befolgt wird)
Verbundenheit	*„Dann wird dein Partner dich noch anziehender finden!"*	*„Dann wirst du einsam und verlassen auf dem Sofa sitzen."*
Fortschritt	*„Dann wirst du Aufregendes erleben und deine Grenzen sprengen!"*	*„Sonst wird dein Leben grau, schwer und zäh."*

Antriebsbotenstoffe ankurbeln

Diese noch nackten Botschaften zielen mitten ins limbische Motivsystem Ihrer Zuhörer und zwar ins Belohnungserwartungssystem, einer Vorstufe der eigentlichen Belohnung. Indem wir mit unseren Worten und Botschaften dem Zuhörer eine Belohnung in Aussicht stellen, initiieren wir bei ihm die erste Stufe der Belohnung, den Antrieb, sich in Richtung Belohnung zu bewegen in der Erwartung einer Belohnung. Wir kurbeln Antriebsbotenstoffe an – und die sind verantwortlich für eine starke Motivation. Wenn Sie also eine motivierende, bewegende Rede halten möchten, dann spielen Sie auf den vier hellen und vier dunklen Tasten der Motivation, stellen Sie Ihrem Publikum den leuchtenden Himmel in Aussicht und malen Sie den Teufel an die Wand. Zeigen Sie dann Ihrem Publikum auf, wie man von der Hölle in den Himmel kommt – natürlich indem man Ihre Lösung befolgt: joggen, täglich joggen.

Das 8. Gebot der Neurorhetorik:
Hölle, Himmel, Lösung, Appell ist neurobiologisch die optimale Struktur für eine bewegende Botschaft. Erhöhen Sie die Temperatur für Veränderungen, indem Sie zuerst auf Bestrafung einzahlen, sollten die Zuhörer nicht in Ihrem Sinne denken/handeln. Dann erzeugen Sie durch belohnende Botschaften starken limbischen Sog, sodass im Zuhörer der Wunsch entsteht, sich in Ihrem Sinne zu ändern und in Ihrem Sinne zu

handeln. Und schließlich verraten Sie die Lösung und zeigen ihm – dank Ihres hervorragenden Expertenwissens – den Weg aus seiner Hölle in seinen Himmel.

2. Station: Von der Kernbotschaft zum Highlight

Somatische Marker

Noch haben Sie zwar eine limbisch treffende, jedoch noch sehr karge und nackte Botschaft. Was sie jetzt braucht, ist ein limbisch verführerisches und beeindruckendes Kleid. Sie braucht noch eine rhetorische Inszenierung. Die Kernbotschaft wird zum Highlight. Das Ziel: den limbischen Wächter so zu beeindrucken, dass er sie mit vielen positiven somatischen Markern markiert. Erkennen werden Sie die positive somatische Markierung an der Körpersprache Ihrer Zuhörer: leuchtende Augen, offene Haltung, Ihre Zuhörer nicken, sie schmunzeln, die Stimmung ist heiter und energiegeladen. Negative somatische Markierungen erkennt man an schmalen Lippen, abwehrender Haltung, verschränkten Armen, aber auch glasigen Blicken der Zuhörer, an einer bleiern gelangweilten oder latent aggressiven Stimmung.

Wie können wir für möglichst viele positive somatische Marker, also für möglichst viele leuchtende Augen und nickende Köpfe sorgen?

- Die Gewinner-Instruktion bevorzugt klare, griffige und präzise Botschaften und einen nüchternen, knappen, zahlenorientierten Kommunikationsstil, den sogenannten „logischen Stil". Schauen Sie sich hierzu die Highlights 1 bis 10 im zweiten Teil an und produzieren Sie damit beeindruckende Botschaften.
- Die limbische Sicherheits-Instruktion bevorzugt geordnete Botschaften, die einen niedrigen Energieaufwand bei der Decodierung versprechen. Angebracht ist hier ein strukturierter, nachvollziehbarer und bodenständiger Kommunikationsstil, der

strukturierte Code. Nutzen Sie hierfür die Highlights 11–20, um Sicherheit und Vertrauen zu erzeugen.

- Die limbische Verbundenheits-Instruktion des gefühlvollen Denkstils mag es, wenn Ihre Botschaften sinnlich und gefühlvoll gekleidet sind. Sie steht auf einen subjektiven, dialogischen Kommunikationsstil, den sogenannten „gefühlvollen Stil". Lassen Sie sich von den Highlights 21–30 dabei unterstützen, viele berührende Momente für Ihre Zuhörer zu schaffen.
- Die limbische Instruktion des experimentellen Denkstils liebt unterhaltsame, originelle und spannende Sprachkostüme. Hier empfiehlt sich ein provokanter, ironischer, außergewöhnlicher Kommunikationsstil, auch „experimenteller Stil" genannt. Verblüffen Sie mit den Highlights 31–40.

Das 9. Gebot der Neurorhetorik:
Limbisch treffende Kernbotschaften (Bedeutung) werden limbisch verführerisch verpackt (Highlight). Je verführerischer die Inszenierungen auf das vorherrschende limbische Programm wirken, umso mehr werden sie positiv markiert, umso größer sind ihre Chancen für Zustimmung und Applaus.

Das Ziel der 40 Highlights im zweiten Teil: Das eigentliche Belohnungssystem ankurbeln, sodass Ihre Botschaft möglichst stark positiv somatisch markiert im Großhirn ankommt. Sie erhalten mit den 40 Highlights des nächsten Kapitels machtvolle Werkzeuge, um Ihre Botschaften anziehend und verführerisch für jedes limbische Programm zu verpacken. Jedes der acht limbischen Emotionsfelder wird genau beschrieben. Für jedes limbische Programm erhalten Sie rhetorische Highlights. Lassen Sie sich zu einem rhetorischen Feuerwerk inspirieren! Suchen Sie sich für jede Kernbotschaft das geeignete Kleid, die entsprechende Inszenierung – also das passende Highlight aus dem zweiten Teil dieses Buches. (Noch mehr Informationen zum Limbischen Kommunikationsmodell finden Sie in meinen „Speak Limbic!"-Büchern – siehe Literaturliste „Neurokommunikation" Seite 217.)

3. Station: Emotionale Verstärkung durch rhetorischen Feinschliff

Das limbische System verführen

Je mehr Ihre Botschaften das limbische System verführen, je mehr positive Botenstoffe Sie ihm entlocken und je besser dieser Botenstoff-Cocktail dem Publikum schmeckt – umso größer ist Ihr Erfolg als Redner und umso lauter, länger und frenetischer der Applaus!

Wollen Sie nun wissen, wie Sie es schaffen, das Belohnungssystem noch stärker anzukurbeln? Indem Sie Ihre Botschaft mit den rhetorischen Wirkfiguren aus Kapitel 3 verstärken. Sie feilen und polieren so lange, bis das limbische System hingerissen ist. Sie machen Ihre Botschaft eindringlich, beeindruckend, knackig, plakativ … je nach Wirkung, die sie erzeugen möchten.

Beispiel

„So kraftvoll und erfolgreich kann auch Ihr Tag ab morgen beginnen!
So kraftvoll und erfolgreich kann ab morgen jeder Ihrer Tage beginnen!
So kraftvoll und erfolgreich kann ab morgen Ihr ganzes Leben sein!
Starten Sie! Starten Sie früh! Starten Sie sofort!"

Hier wurden Anapher, Wiederholungen, Dreierschritte und Klimax genutzt, um die Botschaft „Gehen Sie täglich früh joggen" zu verstärken. Die rhetorischen Figuren verstärken nicht nur die Belohnung, sie helfen auch, Ihre Botschaften im Gedächtnis zu verankern durch Wiederholungen, Rhythmisierung und Decodierungs-Entlastungen (vgl. Seite 40). Sie erhöhen das synaptische Aktionspotenzial, knüpfen assoziativ an schon vorhandene synaptische Vernetzungen an und können breite synaptische Bahnen erzeugen. Lauter Garanten, dass Ihre zentrale Botschaft verstanden, verankert und wieder abgerufen werden kann und nicht im Informations-Overload untergeht. Verstärken Sie nur Ihre Kernbotschaften, Ihre besten Argumente.

Die drei Schichten einer Botschaft

Und so sieht nach drei Stationen Ihre gewinnende Botschaft aus: Sie besteht aus drei Schichten, die schrittweise produziert werden. Im Innersten finden wir die limbische Bedeutung, die Kernbotschaft, in der Mitte die limbisch-rhetorische Verpackung als Highlight, und die äußerste Schicht ist die Verstärkung, der rhetorische Feinschliff.

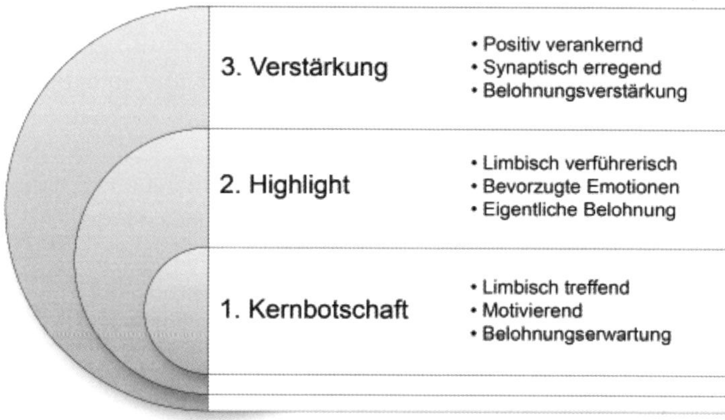

Abbildung 2: Die drei Schichten einer gewinnenden Botschaft

Im dritten Teil dieses Buches finden Sie 30 Möglichkeiten, um an Ihrer Botschaft zu feilen, mit Anleitungen und Beispielen. Probieren Sie es aus und staunen Sie über die Potenzierung der Wirkung.

Beispiele

Achten Sie bei jedem Wort darauf, dass es belohnend wirkt („Magic Words“) und nicht bestrafend („Stachelwörter“/„Höllewörter“). Worauf zahlen bei Ihnen folgende Sätze und Wörter ein? Auf Ihr Belohnungs- oder auf Ihr Bestrafungskonto?

- *„Sie müssen täglich joggen gehen!“*
- *„Stehen Sie jeden Tag um 6 Uhr auf und laufen Sie mit nüchternem Magen im Morgengrauen!“*

Ich weiß nicht, wie es Ihnen geht, bei mir (Inhaberin einer eher ausgeprägten Entdecker-Instruktion) zahlen diese Sätze auf einer Skala von 0–100 zu 100% aufs Bestrafungssystem ein (Druck/Zwang/Askese) und 0% geht auf Belohnung (Freiheit/Grenzenlosigkeit/Möglichkeiten).

Achten Sie nun auf folgende Aussagen:

- *„Gönnen Sie Ihrem Geist und Ihrer Seele täglich freien Auslauf."* (Zahlt ein auf „Fortschritt")
- *„Genießen Sie gemeinsam die morgendliche Stimmung, atmen Sie die taufrische Waldluft ein, tanken Sie die Energie, die ihr Körper braucht, um sich begehrenswert zu fühlen, Tag für Tag."* (Zahlt ein auf „Verbundenheit")
- *„So kraftvoll und erfolgreich kann auch Ihr Tag ab morgen beginnen!"* (Zahlt ein auf „Gewinn")
- *„Fangen Sie ganz langsam an. Steigern Sie das Tempo jeden Tag ein wenig. Werden Sie immer sicherer und kontrollieren Sie Ihren Puls. Starten Sie Schritt für Schritt in ein gesünderes Leben!"* (Zahlt ein auf „Sicherheit")

Positive somatische Marker: Magic Words

Gute Redner besetzen für sich das Feld der positiven Emotionen und überlassen den alternativen Lösungen/Zielen, dem Meinungsgegner oder den Wettbewerbern die negativen Emotionen. Hier also liegt die neurobiologische Grundlage der Magic Words – Wörter mit hohen positiven somatischen Markern und sehr niedrigen negativen Markern. Somatische Marker sind die „Etiketten", die das limbische System allen Botschaften anheftet, bevor sie ins Bewusstsein aufsteigen. Angeregt durch Antonio Damasios Theorie der somatischen Marker stellt die Psychologin Maja Storch „Magic Words" so dar: Auf einer Skala von 0 bis 100 lösen Sie im idealen Fall 100 Prozent positive und 0 Prozent negative Gefühle im Publikum aus.

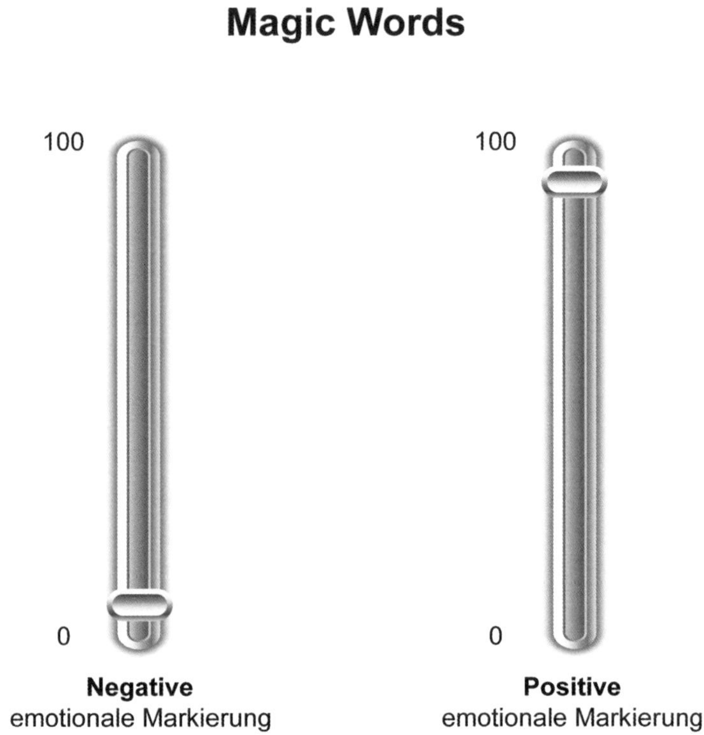

Abbildung 3: Somatische Markierung von „Magic Words"

Das limbische System Ihrer Teilnehmer markiert also alles, was Sie sagen und tun, mit positiven oder negativen Gefühlen (somatischen Markern). Positiv, negativ oder gemischt gelangen Ihre Worte in das Großhirn und führen dort zu Zustimmung, Ablehnung oder Gleichgültigkeit. Ihre Aufgabe ist es, genau die Worte zu finden, die Ihr Publikum mit Haut und Haar motivieren. Das ist ein aufregender und spannender Suchprozess. „Magic Words" wenden sich direkt an das Unbewusste und holen es mit „ins Boot". Sie arbeiten mit Assoziationen, Gefühlen und Bildern. Sie erzeugen positive somatische Marker in den meisten Menschen mit Wörtern der Fülle: bereichern, bekommen, gewinnen, genießen usw. Aber auch Adjektive, die den folgenden limbischen Instruktionen nach

Häusel entsprechen, besitzen sehr hohe positive somatische Marker. Sie steuern unser Gehirn und dienen als „Antriebsfeder" für unseren Körper. Ich möchte Ihnen einige „Magic Adjectives" vorstellen, stellvertretend für alle anderen „Magic Words":

1. Gewinn-Instruktion: anspruchsvoll, durchdacht, effektiv, erfolgreich, erstklassig, führend, hochwertig, inbegriffen, intelligent, klar, kompetent, leistungsstark, lohnend, lukrativ, perfekt, tonangebend, überlegen
2. Sicherheits-Instruktion: anerkannt, ausgereift, bewährt, dauerhaft, dezent, einheimisch, erprobt, fachmännisch, gesund, gratis, genormt, gesetzlich, handverlesen, klassisch, loyal, nachhaltig, praktisch, qualitätvoll, sicher, sorgfältig, sparsam, systematisch, verbreitet, zuverlässig
3. Verbundenheits-Instruktion: abgerundet, abgestimmt, angenehm, ansehnlich, belebend, bequem, familiär, formschön, gefühlvoll, gemeinschaftlich, glücklich, harmonisch, hauchzart, hübsch, innig, komfortabel, menschlich, persönlich, rund, schön, sympathisch, warm, weich, wohlgeformt, zart, zufrieden
4. Fortschritts-Instruktion: abweichend, abwechslungsreich, auffallend, aufgelockert, ausdrucksvoll, beeindruckend, begeistert, berühmt, eigenwillig, einfallsreich, erfrischend, erstaunlich, farbenfroh, frei, großräumig, offen, positiv, schillernd, sorgenfrei, spielend, neuartig

Wörter der Fülle sind wie Magnete. Sie hellen die Stimmung auf, steigern die Energie im Raum, lassen die Augen Ihrer Teilnehmer glänzen. Sie sind der grundlegende Baustein jeder erfolgreichen rhetorischen Tätigkeit, sei es als Redner, als Führungskraft, als Verkäufer oder als Ausbilder.

Negative somatische Marker

Es gibt auch negative somatische Marker. Mit diesen etikettieren Sie die Gegenmeinung oder Gegenpartei. In diesem Fall werden Ihre Wörter mit Stresshormonen etikettiert, zu Reizwörtern, Höllewörtern und Wörtern des Mangels: „versagen, verlieren, Verschwendung, müssen, geht nicht, Problem, Frühsport, Diät" usw. Schauen Sie sich hierzu die Highlights 7, 8, 9, 18 und 19 im zweiten Teil an.

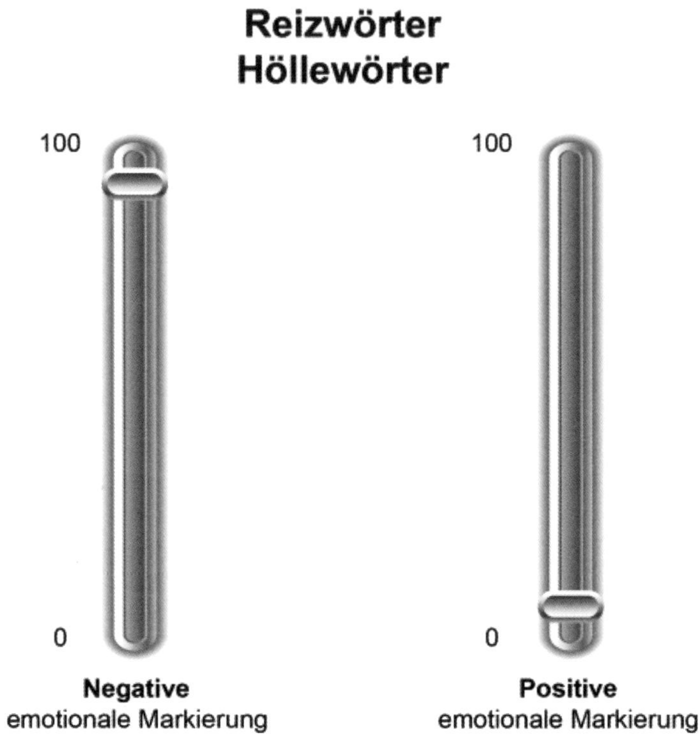

Abbildung 4: Reizwörter, Höllewörter: abstoßende Wörter (Gegenposition)

Alle Sinne werden angesprochen

Da jedes Wort bewertet wird, ist auch jedes Wort wichtig. Deshalb feilen gute Redner so lange an ihrem Text, aber auch an allen anderen Botschaften. Denn auch visuelle Reize (zum Beispiel ein Foto oder eine Farbe auf einer Folie), haptische Reize (zum Beispiel die Qualität der Unterlagen oder Muster), akustische Reize (zum Beispiel die Stimmführung, Klangfarbe), olfaktorische Reize (Gerüche/Beduftung) oder gustatorische Reize (Geschmack/Kostproben) werden im Zuhörergehirn bewertet. Und erst alle Bewertungen zusammen ergeben Gesamturteile von „Tolle Rede!“, „Klasse Redner“ oder „Na ja, ging so!“ bis „Gähnend langweilig! Nie wieder!“.

Leider gibt es nicht den *einen* Rhetorik-Training-Knopf, an dem wir Trainer ein wenig drehen, und schon verwandeln sich unsere

Teilnehmer in perfekte, strahlende Redner. Es sind die vielen kleinen positiven Reize und Botschaften, die summiert eine herausragende Rede und ein Gesamtkunstwerk ergeben. Es handelt sich beim Redeerfolg nicht um ein magisches Geschehen, sondern um konsequente Arbeit an sich selbst und am eigenen Text, an den Folien, am Ambiente usw. Eine Arbeit, die sich jedoch lohnt, wie wir im Eingangskapitel mit dem Pareto-Prinzip nachgewiesen haben. „Zum Dichter wird man geboren, zum Redner wird man gemacht". Das wusste schon Cicero, der als mittelmäßiger Redner begann und als großer in die Geschichte einging. Eine gute Rede wird nicht einfach so geschrieben und gehalten. An einer guten Rede wird gefeilt, manchmal sehr lange gefeilt. Doch es lohnt sich. Denn die Position eines Redners ist machtvoll. Wo sonst können Sie noch so viele Menschen für sich gewinnen und für Ihre Ziele mobilisieren?

In einer guten Rede steckt viel Arbeit

Das ist das 10. Gebot der Neurorhetorik:
Feilen Sie an Ihrer Rede! Fragen Sie sich bei jedem Wort, bei jedem Bild, bei jeder Demonstration: Zahlt sie auf Belohnung oder zahlt sie auf Bestrafung ein? Welche somatischen Marker löst sie bei meinen Zuhörern aus?

4. Station: Vom Highlight zum Körperbild

Bisher existiert die Botschaft nur auf Ihrem Rede-Manuskript. Sie ist noch nicht „verkörpert". Erst Ihre Stimme, Ihre Körpersprache und Ihre Persönlichkeit erwecken die Botschaft zum Leben. Sie können sie nun dröge, langweilig, stotternd vom Blatt ablesen. Oder Sie machen es wie die Top-Redner und üben, üben, üben. Denn nur wenn Sie Ihre Inhalte und Inszenierungen wirklich beherrschen, können Sie sich beim Vortrag auf die emotionale Auswirkung konzentrieren. Nur wenn Sie ganz bei sich sind und die Emotionen, die Sie beabsichtigen, auch selbst fühlen, können Sie diese über die Spiegelneuronen auch auf Ihr Publikum übertragen.

Die Botschaft zum Leben erwecken

Probieren Sie Präsentationstechniken aus, wiederholen Sie, üben Sie vor Freunden und Kollegen. Diese Sicherheit ist unbezahlbar, wenn Sie oft auf der Bühne vor vielen Menschen stehen. Spüren Sie, wie viel Gelassenheit Ihnen die gute Vorbereitung gibt. Lesen Sie sich hierzu die Highlights 6, 10, 16, 20, 26, 30, 36 und 40 durch. Es handelt sich um ganz besondere Highlights, die Körperbilder. Es sind Anregungen, was Sie mit Ihrer Stimme und Ihrer Körpersprache alles machen können, um die gewünschte Wirkung zu erzeugen. Eine kleine, feine, präzise Detailgestik zahlt auf ein anderes Belohnungskonto ein als eine große, visionäre Geste gen Himmel.

Üben Sie Ihre Rede so vorzutragen, dass das Publikum gebannt an Ihren Lippen hängt. Üben Sie Stimmtheatralik, direkte Rede, Wechsel von laut und leise, schnell und langsam, üben Sie eine ausdrucksvolle Mimik und lebendige Gestik. Üben Sie so lange, bis Sie die Emotion, die Ihre Botschaft erzeugen soll, selbst spüren.

5. Station: Der glanzvolle Live-Auftritt

Der große Augenblick

Nachdem Sie noch ein paarmal geübt und geschliffen haben, ist es nun so weit. Heute ist der Tag des Live-Auftritts vor vielen geladenen Gästen. Sie betreten die Bühne. Sie erden sich und empfangen über Ihre Spiegelneuronen die vibrierende Energie Ihrer Zuhörer. Alle Scheinwerfer der Aufmerksamkeit sind auf Sie gerichtet. Langsam fangen Sie an zu sprechen. Sie spielen auf der Klaviatur der Emotionen, wechseln von dunklen auf die hellen Tasten, spielen virtuos auf der Klaviatur der emotionalen Rhetorik. Sie variieren Ihre Highlights und zahlen auf die unterschiedlichen limbischen Belohnungskonten Ihrer Zuhörer ein, Sie wechseln die Körperbilder, Sie verkörpern in jeder Sekunde das, was Sie sagen und beweisen möchten. Sie geben alles. Sie erzählen mit modulierter Stimme; Sie nutzen Bilder, Beispiele, Metaphern. Sie drücken Witz, Heiterkeit und Freude mit der ganzen Körpersprache aus. Sie leben die Szenen Ihrer Geschichte vor, mit wörtlicher Rede, Stimmimitation und szenischen Darbietungen. Sie präsentieren kompetent und seriös Studien und Zahlen auf leuchtenden „Gewinner-Charts". Sie wollen Faszination erzeugen: Ihr Gesicht strahlt, Ihre Augen leuchten und in Ihrer Stimme schwingt die eigene Begeisterung mit. Nur so kann auch Ihr Publikum über die Spiegelneuronen fasziniert werden.

6. Station: Aktivierung aller Sinne inklusive Spiegelneuronen

Alle Ihre Botschaften verlassen Sie nun und machen sich auf den Weg über die Sinne zum Gehirn der Zuhörer. Sie machen sich nun auf die Reise über die Ohren, Augen und Spiegelneuronen der Zuhörer in den limbischen Bereich des Gehirns der Zuhörer.

Botschaft dringt ins Gehirn der Zuhörer

Das Limbische Kommunikationsmodell – neurobiologische Grundlage der Emotionalen Highlight-Rhetorik

Redner	Botschaft	Publikum
Analysiert Zielgruppe	Passende Botschaft (aus passendem Emotionsfeld)	Fühlt sich motiviert, wertgeschätzt und belohnt
Zielt ins limbische System der Zielgruppe	Ist mit Motivation und Belohnungen aufgeladen Erreicht starke synaptische Aktionspotentiale und erzeugt stabile synaptische Verbindungen	Zahlt auf Belohnungssystem ein: Publikum ist motiviert und begeistert

7. Station: Die Ankunft im Zuhörergehirn und Verführung des limbischen Systems

Positive Reaktion im Publikum

Kaum ist Ihre gewinnende Botschaft hier angekommen, richten sich die Zuhörer auf und schalten auf maximale Aufmerksamkeit. Ihre Augen leuchten, manche nicken leise oder schmunzeln. Eine heitere Stimmung breitet sich im Saal aus. Ein gutes Zeichen für Sie, denn nun wissen Sie, dass Ihre Botschaften mit positiven somatischen Markern versehen werden.

Nachdem die Botschaft über die Sinne das Gehirn Ihrer Zuhörer erreicht hat, steht sie nun also vor dem strengen Zensor, dem limbischen System. Er überprüft zuerst ihre Bedeutung. Er prüft, ob die Botschaft nützlich ist und ob sie zu seinen limbischen Instruktionen passt. Da Sie in der Vorbereitung Ihre Botschaft auf die limbischen Instruktionen Ihrer Zuhörer abgestimmt haben (Station 1 bis 5) darf Ihre Botschaft natürlich passieren. Doch vorerst muss noch geprüft werden, ob es sich um eine positive oder negative Botschaft handelt. Hierfür wird Ihre Botschaft mit ähnlichen Botschaften aus der Vergangenheit verglichen. Also sagt der limbische Wächter zur Botschaft: „Ich muss mich nur noch schnell mit meinen Assoziationen, Erfahrungen und Erinnerungen abstimmen, dann sage ich dir, ob und wie du weiter nach oben zum Bewusstsein reisen darfst!“

8. Station: Bewertung durch die Assoziationen, Erfahrungen und Erinnerungen

Botschaft wird geprüft

Er ruft Assoziationen, Erfahrungen und Erinnerungen zu sich und lässt sie Ihre Botschaft von allen Seiten betrachten und bewerten. „Was sagt ihr zu ihr? Womit verbindet ihr sie? Was haben wir bisher für Erfahrungen mit ihr gemacht? Was haben wir für Erfahrungen mit ähnlichen Botschaften?" Das alles geht, man mag es kaum glauben, in Bruchteilen von Sekunden vor sich. Jedes Wort, jede Formulierung, jede Geste stehen auf dem Prüfstand. Manche Verknüpfungen rufen auch negative Gefühle hervor. Aber die meisten sind schön, voller positiver Emotionen. Jetzt lohnt es sich, dass Sie in der Produktionsphase viel über die Gewohnheiten, Werte, Wünsche, Motive Ihrer Zielgruppe recherchiert und analysiert haben.

Darum sagt der limbische Wächter zur gewinnenden Botschaft: „Du darfst nach oben, zum Großhirn, ins Bewusstsein." Doch vorher muss er noch dem Bewusstsein ankündigen, dass jetzt eine wirklich wichtige und positive Botschaft auf dem Weg nach oben ist.

9. Station: Aktivierung des Belohnungserwartungssystems

Belohnungserwartung und Bestrafungserwartung

Der limbische Wächter kurbelt nun heftig das Belohnungserwartungssystem an. Dieses produziert nun eine Flut von Botenstoffen, vor allem das der freudigen Erwartung, Dopamin. Das Belohnungszentrum besteht aus zwei Stufen, die nacheinander gezündet werden: dem Erwartungssystem und dem eigentlichen Belohnungssystem. Das Erwartungssystem sorgt für Antrieb, für Motivation. Es sorgt dafür, dass Ihre Zuhörer bewegt werden – in Richtung Ihrer Lösung, Ihrer Ideen. Das Erwartungssystem wird aktiv, wenn uns der Redner eine lustvolle Erfahrung in Aussicht stellt (beispielsweise mehr Gewinn, mehr Sicherheit, mehr Verbundenheit, mehr Spaß) und uns dadurch motiviert, die zukünftige Belohnung aufzusuchen. Das Erwartungssystem ist stark vom Antriebsbotenstoff Dopamin abhängig. Es ist der Teil, der uns motiviert, unser Denken und Verhalten zu ändern. Auch im Vermeidungssystem, dem Gegenspieler des Belohnungssystems, gibt es ein Untersystem, das für Straferwartung. Es wird dann aktiv, wenn uns der Redner davor warnt, seinem Ziel nicht zu folgen oder einer Gegenmeinung zu folgen.

11. Station: Ausschüttung von Glückshormonen

Das eigentliche Belohnungssystem

Das eigentliche Belohnungssystem belohnt uns mit guten Gefühlen, wenn wir das Objekt, in unserem Fall die Rede, live erleben. Wir fühlen *hier und jetzt* Stolz, Besorgnis, Freude, Begeisterung. Die eigentliche Belohnung wird von den Glückshormonen gesteuert. Der Redner kann aber auch Stresshormone des Bestrafungssystems aktivieren, um den unhaltbaren Ist-Zustand, seine Meinungsgegner oder alternative Lösungen/Ziele anzugreifen. Er kann Zorn, Ärger, Wut, Betroffenheit erzeugen. Oder, wenn er ein ungeübter Redner ist, wird er, ohne es zu wollen, auch das Bestrafungszentrum aktivieren und Langeweile, Verwirrung oder Frustration gegen sich selbst erzeugen, wie in der ironischen Aufzählung auf Seite 49 beschrieben. Das Belohnungszentrum sorgt also dafür, dass während Ihres Vortrags positive Emotionen erzeugt werden. Die Mundwinkel der Zuhörer wandern nach oben, ihre Augen fangen an zu leuchten, ihre Gesichter werden weicher. Eine Welle der Freude erfasst den ganzen Körper. Und das alles, bevor das Bewusstsein auch nur ahnen konnte, was bisher geschah!

12. Station: Ankunft im Bewusstsein und Erreichen des Redeziels

Im Bewusstsein

Das Erstaunliche am Bewusstsein ist, dass es an einer Krankheit leidet, die die Gehirnforscher Benutzerillusion nennen. Sie erinnert ein wenig an Größenwahn. Es glaubt nämlich, souverän und rational entschieden zu haben. Es ahnt nichts von der langen Reise der Botschaft in den unteren Gefühlszentren, ahnt nicht, dass dort unten ein strenger limbischer Zensor die wahre Macht besitzt und dass er entscheidet, was das Bewusstsein überhaupt erst zu Gesicht bekommt; es ahnt nicht, dass Assoziation, Erinnerungen und Erfahrungen die Botschaft schon bewertet haben; dass Botenstoffe schon längst körperliche Reaktionen wie leuchtende Augen eingeleitet haben. Nein, unser Bewusstsein denkt, es sei die machtvolle Regierung, dabei ist er nur ihr Pressesprecher. Unser Großhirn, Sitz der Ratio, springt erst dann als eine Art Berater und Legitimator ein, wenn in den tiefer liegenden Gefühlszentren schon längst entschieden wurde, ob etwas für uns von Bedeutung ist oder nicht, und berechnet das Optimum an positiven Emotionen. Es wägt ab, vergleicht, entscheidet. Eine optimale Lösung ist auch für das Großhirn immer eine solche, mit der wir emotional leben können (vgl. Roth, 2007). Die optimale Lösung ist immer auch eine limbisch abgesegnete Lösung. Durch die somatische Markierung der gewinnenden Botschaft, das Dopamin und die Glückshormone, weiß nun das Bewusstsein, dass es sich um eine wichtige und erfreuliche Botschaft handelt, und sagt laut: „Das hört sich gut an, was der Redner sagt. Das ist wirklich überzeugend! Dem kann ich nur zustimmen!" und gibt den Befehl an die Hände: „Applaudiert laut und lang!"

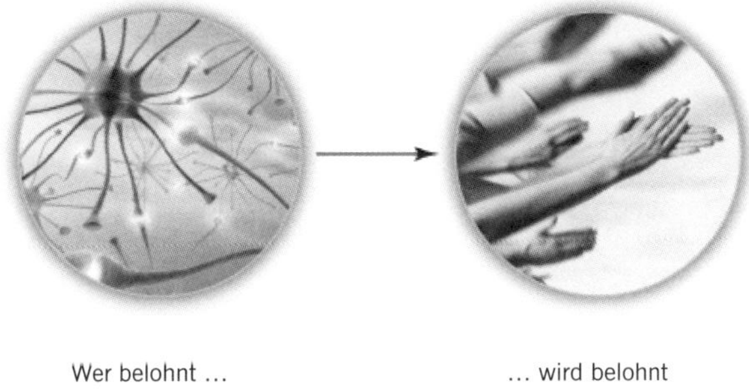

Abb. 5: Das goldene Gesetz der Neurorhetorik

Das 11. Gebot der Neurorhetorik:
Wer belohnt, wird belohnt! Nur wer großzügig auf das Belohnungskonto seiner Zuhörer einzahlt, der bekommt zum Schluss seine Belohnung inklusive Zinsen: vielleicht einen attraktiven Auftrag, vielleicht begeisterte Zustimmung für sein Projekt, vielleicht viel Sympathie und Zuwendung. Auf jeden Fall tosenden Applaus.

6. Die 8 wichtigsten Emotionsfelder für eine herausragende Rede

Schauen wir uns die emotionale Klaviatur einmal genauer an, die ein Redner spielen sollte, wenn er sein Publikum erreichen will. Dies sind die acht Emotionsfelder, die von herausragender Bedeutung für den Erfolg einer Rede sind (siehe auch Seite 56). Verknüpfen Sie die positiven Felder mit sich und Ihrem Ziel und die negativen mit der Gegenposition.

Das universelle Spiel des Lebens

Schlagen Sie sie an, bringen Sie das Spiel des Lebens, den göttlichen Plan, zum Klingen. Wenn Sie sich mit Ihrer Rede in diesen Motiv- und Emotionsfeldern bewegen, dann spiegeln Sie den Steuerungsmechanismus der Evolution wider, ebenso wie es die christliche Religion mit ihrem System von Himmel und Hölle seit zwei Jahrtausenden erfolgreich vormacht. Himmel und Hölle, Beförderung und Versetzung, Lob und Kritik, Zuckerbrot und Peitsche, die Prinzessin und die Hexe, das Gute und das Böse, Luke Skywalker und Imperator Palpatine – alle diese Archetypen und Konstanten menschlichen Lebens spiegeln anschaulich das ewig währende evolutionäre Prinzip von Belohnung und Bestrafung mit guten und schlechten Gefühlen wider. Dieser Dopamin-angetriebene und emotional gesteuerte Autopilot bestimmt unbewusst die meisten Entscheidungen, die wir Tag für Tag treffen. Und an diesen Autopiloten sollte sich Ihre Rede wenden, will sie wirklich etwas beim Zuhörer in Gang bringen.

Abb. 6: Die 8 limbischen Werte- und Emotionsfelder als emotionale Klaviatur der Rede

Freude und Begeisterung: die Macht der Meta-Emotionen

Warum fehlen die so wichtigen Emotionen Freude und Begeisterung in der Matrix auf Seite 56/57? Es sind doch genau diese Emotionen, die immer mit rhetorischer Exzellenz in Verbindung gebracht werden. Hierbei handelt es sich um sogenannte Meta-Emotionen, also übergeordnete, besser noch nachfolgende Emotionen. Natürlich sind diese extrem wichtig für den Erfolg als Redner. Doch diese machtvollen Meta-Emotionen treten nur dann ein, wenn zwei Bedingungen erfüllt sind.

Freude: Nur wenn Sie die richtigen Tasten treffen, das heißt die Lieblingsmelodie Ihres Publikums spielen, erfreuen Sie Ihr Publikum. Für den einen bedeutet Freude bereichernde Informationen zu besitzen, für den anderen wohlige Geborgenheit und für den dritten inspirierendes Gedankenpopcorn während einer Rede.

Begeisterung: Nur wenn Sie die Erwartungen Ihres Publikums übertreffen, begeistern Sie es. „Besser als erwartet“ bedeutet „Begeisterung“, „schlechter als erwartet“ bedeutet „Enttäuschung“. Die Bewertung „besser als“ oder „schlechter als“ richtet sich nach den Standards der Vorträge, die Ihr Publikum kennt. Ist es verwöhnt und hört vorwiegend Excellent-Speaker, dann ist die Messlatte für „besser als“ natürlich hoch. Hört es sich dagegen zweimal im Jahr einen Vortrag an der heimischen Volkshochschule an, dann liegt die Messlatte weiter unten, und es fällt uns als Redner viel leichter, es mit ein wenig rhetorischer Finesse zu begeistern.

Richtige Emotionen in richtiger Dosierung

Erfreut und begeistert ist Ihr Publikum dann, wenn die gesamte Rede besser ist als alle bisher gehörten Reden und wenn Ihre Rede das Motiv- und Emotionssystem Ihres Publikums trifft. Wenn die richtigen Werte, Motive aktiviert werden und wenn das Publikum die richtigen Emotionen in der richtigen Dosierung erlebt, dann geht es bewegt, erfreut und begeistert nach Hause. Das ist so, als ob Sie einen Gast haben und ihm den perfekten Rinderbraten machen wollen. Wenn Ihr Gast Vegetarier ist, werden Sie ihn trotz Perfektion nicht erfreuen und begeistern, Sie werden ihn, obwohl Sie Ihr Bestes gegeben haben, sogar verärgern und enttäuschen. Das Paradoxe und Verblüffende ist: Sie werden ihn mit einem treffenden, aber vielleicht nicht ganz so perfekten einfachen Gemüse-Risotto viel mehr erfreuen und begeistern als mit dem perfekten, aber falschen Rinderbraten.

Perfektion ist immer erst der zweite Schritt! Zuerst muss das richtige Gericht, also die passende Kernbotschaft, ausgewählt werden, erst dann lohnt sich die Mühe, diese Botschaft anziehend zu verpacken und spannend zu inszenieren! Aus dem Ziel- und Zeitmanagement kennen Sie vielleicht den Unterschied zwischen „effektiv“ und „effizient“. Effektiv bedeutet „die richtigen Dinge zu tun“

und effizient „die Dinge richtig zu tun". Jeder Zeitmanagement-Papst wird Ihnen die Regel einhämmern: „Zuerst Effektivität, dann Effizienz!" Auch das ist ein Geheimnis erfolgreicher Menschen. Also: Lieber eine schlichte, aber treffende Kernbotschaft, als viel rhetorisches Pulver für die falsche!

Lieblingsstücke spielen

Erfreut und begeistert sind wir also nicht, weil der Klavierspieler virtuos spielen kann, das zwingt uns nur eine müde Anerkennung ab. Erfreut und begeistert sind wir nur dann, wenn der Klavierspieler unsere Lieblingsstücke spielt, wenn er unseren bevorzugten Stil trifft und wenn er besser ist, als wir es erwartet haben. Freude und Begeisterung sind die Emotionen, die im Gehirn Ihres Zuhörers am Schluss der Rede aus allen Botschaften, ob auditiv, visuell oder kinästhetisch, errechnet werden.

Das bedeutet für Sie als Redner: Beschäftigen Sie sich im Vorfeld mit Ihrem Publikum. Recherchieren Sie, fragen Sie nach, löchern Sie Ihren Veranstalter. Je mehr Sie über Ihr Publikum wissen, umso treffender sprechen Sie es an und umso begeisterter verlässt es Ihren Vortrag. Wenn Sie auf Nummer sicher gehen wollen, dann sprechen Sie möglichst viele Motiv- und Emotionsfelder an. Spielen Sie nicht nur Ihre Lieblingsmelodie! Die antike Rhetorik gab den Rednern den Rat: „Variatio delectat!" – Abwechslung erfreut! Eine weise Empfehlung bis heute.

Werte und Anti-Werte: die Macht der unterschwelligen und leisen Emotionen

Unterschätzen Sie nicht die Macht der unterschwelligen und „leisen" Emotionen. Denken Sie daran, alles wird vom limbischen System emotional markiert! Wenn Sie einen hochwertigen Anzug tragen, wird diese visuelle Botschaft markiert, gelangt emotional gefärbt ins Bewusstsein Ihrer Zuhörer und führt da zu einem vagen Gefühl des Vertrauens. Vielleicht auch zu dem nur ganz leise wahrgenommenen Gedanken: „Diesem Redner kann ich trauen!"

Für Ihr Publikum ist alles, was Sie sagen, tun und zeigen, eine Botschaft, die zum Schluss emotional verrechnet wird. Laute Botschaften werden vielleicht mit dem Faktor 10 verrechnet, leise vielleicht mit dem Faktor 5 und unbewusste vielleicht mit dem Faktor 2. Aber alle fließen in die finale Bewertung „Tolle Rede!" oder „Na ja, ging so ..." oder „Nie wieder!" mit ein.

Leise Emotionen: Werte

Im zweiten Teil dieses Buches werden auch die unterschwelligen und leisen Emotionen den jeweiligen Emotionsfeldern zugeordnet. Bei den unterschwelligen und leisen Emotionen handelt es sich meistens um Werte. Beim dritten Emotionsfeld „Ordnung, Sicherheit, Vertrauen" (Seite 115) sind es beispielsweise die Werte: Ordnung, Qualität, Tradition, Bewahren etc. Positive Werte werden emotional positiv markiert, negative Werte werden emotional negativ markiert. Deshalb können Werte auch den Emotionsfeldern zugerechnet werden, denn sie lösen im Zuhörer immer eine emotionale Reaktion aus. Menschen haben unterschiedliche Werte und unterschiedliche Anti-Werte. Was beim einen positiv markiert wird und mit leuchtenden Augen, Kopfnicken und zustimmenden Gedanken quittiert wird, führt beim anderen zu gepressten Lippen, Kopfschütteln, verschränkten Armen und ablehnenden Gedanken.

Es gilt: Kämpfen Sie mit Ihrer Rede für Ihre Werte! Verbiegen Sie sich nicht! Das ist ja die Funktion öffentlicher Reden: für die eigenen Ideale und Werte einzustehen und andere Menschen hierfür zu gewinnen. Seien Sie dabei authentisch! Wollen Sie jedoch Mitstreiter für Ihre Werte und Ziele finden, dann übersetzen Sie diese in die Werte- und Motivsprache Ihres Publikums. Nur so gewinnen Sie die Köpfe und Herzen der Menschen für Ihr Anliegen, nur so können Sie Anklang finden mit Zielen und Ideen, die Ihnen wichtig sind.

Moderate Emotionen sind gefragt

Sie können Ihr Publikum in eine angenehme Stimmung versetzen, die sich steigern lässt bis zur Entzückung. Sie können leisen Zorn verstärken bis zum glühenden Hass, leichte Besorgnis bis zur Massenpanik. Grundsätzlich sind heute die eher moderaten bis mittelstarken Emotionen gefragt. Ich werde auf die starken Intensitäten wie Wut, Hass, Scham nicht eingehen, weil sie heute aus rhetorischer Sicht in 90 Prozent der Fälle nicht angemessen sind. Gesellschaftliche Entwicklungen, die ein Auseinanderklaffen von arm und reich, oben und unten befördern, können aber, wie in den 30er-Jahren des vorigen Jahrhunderts, dazu führen, dass diese Emotionen wieder eine breite Resonanz über die Spiegelneuronen finden. Dann können extreme Positionen extremerer Parteien mit extremsten Emotionen wieder gesellschaftsfähig werden.

Emotionsintensitäten sind also einerseits politischer Korrektheit, andererseits auch individuellen Vorlieben unterworfen. Je nach Temperament bevorzugen die einen die leisen, die anderen die lauteren Töne. Je höher der Bildungsanspruch, umso leiser und differenzierter spielen wir auf der Klaviatur, wie beispielsweise in Vorträgen an der Universität oder auf Fachkongressen. Je größer die Motivations-, Überzeugungs- oder Verkaufsabsicht, je größer die Zuhörermassen, umso stärker und lauter müssen wir wiederum auf die Tasten schlagen.

Im zweiten Teil des Buches verbinden wir die Emotionstasten mit den dazugehörigen Werten zu einem einzigen Emotionsfeld. So können Sie die Felder nutzen, um treffende Kernbotschaften zu generieren. Lassen Sie sich vor allem von den leiseren Emotionen (den Werten) auf den Übersichtsseiten zu den einzelnen Feldern inspirieren und lesen Sie sich die Beschreibung des jeweiligen Feldes aufmerksam durch. Sie können dann die Highlights zusätzlich nutzen, um die passenden Emotionen zu generieren. Mit den Stilmitteln des dritten Teils feilen und verstärken Sie. Motiv, Wert, Emotion, Gefühl fließen in Ihrer Rede ineinander, sie bedingen und befruchten sich gegenseitig. Sie sind, wie die Schalen einer Zwiebel, zwar Schicht für Schicht da, das Publikum sieht aber nur die äußere Schale bzw. spürt nur die Auswirkung: die Tränen. So ist auch eine gute Rede: Es gibt den Kern als innerste Schicht und Inszenierung, Verkörperung sowie Verstärkung als äußere Schichten. Wenn wir eine Rede produzieren, arbeiten wir Schicht für Schicht. Das Publikum genießt sie jedoch als Ganzes. Absicht, Inhalt und Form verschmelzen zu einer genussvollen Einheit mit *einer* emotionalen Auswirkung.

7. Die 3 Schritte zum Erfolg: Kernbotschaft, Highlight, Verstärkung

Lassen Sie uns nun alles, was Sie bisher gelesen haben, in einem Beispiel zusammenfassen. Erinnern Sie sich noch an die drei Schritte der Emotionalen Rhetorik von Seite 38?

Emotionale Rhetorik geht in drei Schritten vor:
1. **Kernbotschaft**: Auswahl der treffenden Inhalte
2. **Highlights:** Die Kernbotschaft so inszenieren und verkörpern, dass die erwünschte Emotion erzeugt wird
3. **Verstärkung**: Die richtige emotionale Intensität bestimmen (rhetorischer Feinschliff)

1. Schritt: Kernbotschaft

To do: Treffende Kernbotschaft mit den acht Emotionsfeldern bestimmen

Ziel: Motivieren für die eigenen Ziele und Abhalten vom Verharren im Ist-Zustand oder vom Folgen der Gegenpositionen

Treffende Argumente finden

Die Emotionsfelder sind die Grundlage Ihrer Argumente. Sie sind der Kern Ihrer Botschaften, das, was Sie sagen bzw. dem Publikum versprechen. Sie rütteln Ihr Publikum mit den vier dunklen Tasten des Bestrafungserwartungssystems wach und erzeugen einen limbischen magnetischen Sog mit den vier hellen Tasten des Belohnungserwartungssystems:

- Verwenden Sie Argumente, die Ihren Zuhörern am meisten nützen. Denn tun sie, was Sie ihnen raten, werden sie von ihrem Belohnungssystem mit positiven Emotionen belohnt.
- Verwenden Sie Argumente, die Ihre Teilnehmer vor Nachteilen bewahren. Tun sie nicht, was Sie ihnen empfehlen oder folgen sie der Gegenposition, verletzen sie ihre eigenen Werte und werden vom Bestrafungssystem mit negativen Emotionen bestraft.

Beispiel Angenommen, Sie halten als „Lernen-Lernen"-Experte vor den Eltern eines Gymnasiums einen Vortrag, und Ihr Ziel ist es, die Eltern für gehirntypgerechtes Lernen zu motivieren. Dann können Sie folgende Emotionstasten spielen:

	Belohnungserwartung Kernbotschaften ***„Liebe Eltern, wenn Sie die Grundsätze gehirntypgerechten Lernens umsetzen, dann …"***	**Bestrafungserwartung Kernbotschaften** ***„Liebe Eltern, wenn Sie die Grundsätze gehirntypgerechten Lernens nicht umsetzen, oder wenn Sie der Gegenposition folgen, dann …"***
1	**Gewinn/Durchsetzung** *„… wird Ihr Kind noch effektiver sein, bessere Leistung bringen und zu den Gewinnern im globalen Wettbewerb gehören."*	**Verlust/Verlierer** *„… wird Ihr Kind schlechtere Leistungen bringen, als ihm möglich ist, und es wird im globalen Wettbewerb zu den Verlieren gehören."*
2	**Sicherheit/Kontrolle:** *„… wissen Sie, wie Sie ihr Kind richtig unterstützen können und erfahren Schritt für Schritt, wie Sie das Gelernte praktisch umsetzen können mit einem einfachen Drei-Punkte-Programm."*	**Unsicherheit/Kontrollverlust:** *„… können Sie leicht Fehler machen bei der Unterstützung Ihres Kindes und trotz bester Absicht mehr Schaden als Nutzen anrichten."*

3	**Gemeinschaft/ Verbundenheit:** *„... dann lernt Ihr Kind gerne mit Ihnen, die Verbindung wird tiefer, harmonischer und bereichernder. Das Kind wird bei Lehrern und Mitschülern beliebter."*	**Abwendung:** *„... dann wendet sich das Kind von Ihnen ab, weil es nur noch Druck empfindet; es hat keine Zeit für Freunde und Lebensfreude und wird im schlimmsten Fall zum Außenseiter."*
4	**Fortschritt/Entdeckung:** *„... dann erfahren Sie aufregende neue Erkenntnisse aus der Welt der Neurodidaktik und können als Eltern mit den fortschrittlichsten und inspirierendsten Lerntools glänzen."*	**Langeweile/Schwere** *„... dann quälen Sie sich weiter Tag für Tag im immergrauen Trott der Hausaufgaben-Monotonie. Druck und Schwere lasten dann weiter auf Ihren Elternschultern."*

Denken Sie daran, dass diese Argumente noch nicht inszeniert „verpackt" sind. Es handelt sich um den Kern Ihrer Rede.

Motivmischungen sind üblich

Lesen Sie sich die Argumente aufmerksam durch. Spricht jedes Emotionsfeld Sie gleich stark an? Wahrscheinlich nicht, vielleicht wird das eine oder andere Sie kalt lassen oder sogar abstoßen, je nachdem, welche limbischen Motive Sie persönlich antreiben. So ist das auch mit Ihrem Publikum. Auch dort gibt es die unterschiedlichsten Menschen: die Leistungsorientierten, die Sozialen, die Konservativen, die Fortschrittlichen. Natürlich nie in Reinform, aber mit einer bestimmten Motivdominanz. Wenn Sie ein homogenes Publikum haben, dann können Sie natürlich die Lieblingsmelodie Ihres Publikums spielen. Aber ab einer Gruppe von zehn Menschen haben wir meist eine Mischung aus unterschiedlichen Menschentypen mit ganz individuellen Motivmischungen vor uns. Deshalb ist es für einen Redner vor großem Publikum ratsam, möglichst viele Felder abzudecken. Sie wollen ja sicherlich alle erreichen, und nicht nur die, die so ähnlich ticken wie Sie. Und das Fatale: die, die so ähnlich ticken, müssen wir meist gar nicht erreichen, weil die schon überzeugt von uns sind.

Wenn Sie vor vielen Menschen sprechen, dann sprechen Sie möglichst viele Emotionsfelder an. So haben Sie für jeden Motivtyp im Publikum einen kleinen Antrieb in die Richtung Ihres Anliegens eingebaut. Gehen Sie schrittweise vor: Verstärken Sie zuerst mit den schwarzen Tasten das Problembewusstsein, erzeugen Sie mit den weißen Tasten Sehnsucht nach Ihrer Lösung, präsentieren Sie dann Ihre Lösung limbisch verführerisch und schließen Sie mit einem klaren Handlungsappell ab.

2. Schritt: Highlights

To do: Die angemessene Emotion erzeugen mit den acht Emotionstasten

Ziel: Positive Emotionen für das eigene Anliegen erzeugen, negative Emotionen auf Gegenposition übertragen

Durch Emotionen das Großhirn anregen

Mit den Emotionsfeldern stellen Sie sicher, dass Ihre Rede attraktiv und anziehend wird, dass das Zuhören für Ihr Publikum ein regelrechter Genuss wird und es gestärkt, beruhigt, berührt, inspiriert aber auch zornig, aufgebracht, aufgewühlt oder nachdenklich nach Hause geht. Dadurch wird das Großhirn Ihres Publikums bewegt, in Ihrem Sinne zu denken oder zu handeln. Nicht nur alles, *was* Sie sagen, tun und zeigen, sondern auch *wie* Sie es sagen, tun und zeigen weckt Emotionen, da jede Botschaft samt Verpackung im limbischen System zuerst emotional markiert wird und dadurch die bewussten Gedanken und Entscheidungen vorbestimmt.

Die Emotionsfelder beziehen sich auf das „Wie sage ich es?". Sie sind also die rhetorische Verpackung und führen zur Aktivierung des eigentlichen Belohnungssystems, zur Ausschüttung von Glücks- oder Stressbotenstoffen. Sie berühren und bewegen, sie rütteln auf, sie regen auf, sie machen zornig – je nachdem, welche Taste Sie spielen wollen. Mit den weißen Tasten erzeugen Sie positive Gefühle im Publikum für die eigene Person und eigene Position. Mit den schwarzen Tasten übertragen Sie negative Gefühle im Publikum auf die gegenwärtigen Zustände und auf die Gegenposition.

Beispiel

Kehren wir noch einmal zu unserem „Lernen-Lernen"-Experten zurück. Wie sollen sich die Eltern während seines Vortrags fühlen? Was genau sollen Sie fühlen? Welche Emotionen sind förderlich für das eigene Ziel? Welche Emotionen sind der Gegenpartei/der Gegenposition vorbehalten? Im Folgenden finden sie eine beispielhafte Tabelle mit Highlights direkt aus dem zweiten Teil. Zur einfacheren Orientierung finden Sie die Nummer des Highlights direkt dahinter.

	Belohnung Diese Gefühle assoziieren die Eltern mit der Position des Experten (Aufwertung)	**Bestrafung** Diese Gefühle assoziieren die Eltern mit der Gegenposition des Experten (Abwertung des Gegners)
1	**Stolz, Siegesgefühl** <u>Powerranking (2)</u> Ranking der besten Lernmethoden; Materialisierung des Lernerfolgs; Wie bringt es das Kind voran?	**Zorn, Ärger, Ohnmachtsgefühle** <u>Die Macht der Verschwendung (8)</u> Anprangern, wie viele Milliarden Gehirnzellen verkümmern und nicht richtig genutzt werden.
2	**Sicherheit, Vertrauen** <u>Zufriedenheitsgeschichte (13)</u> Persönliche Geschichte eines Kindes, das mit den Methoden Sicherheit gewann.	**Angst, Unsicherheit** <u>Teufel an die Wand malen (18)</u> Hölle aufzeigen, wenn das Kind nicht richtig lernt. Abstiegsängste projizieren.
3	**Verbundenheit, soziale Geborgenheit** <u>Interaktion mit Publikum (21)</u> Publikum selbst eine „Lernen-Lernen-Methode" ausprobieren lassen	**Trauer, Einsamkeit, Betroffenheit** **Soziale Ungeborgenheit** <u>Schicksalsstory (27)</u> Geschichte der kleinen klugen Anna erzählen, die nicht lernen konnte, obwohl sie wollte …

4	**Verblüffung, Spannung, Faszination** Verblüffende Studie (34) Studie, die beispielsweise Bewegung und höhere Gehirnaktivität in Zusammenhang setzt (Medina 2009)	**Langeweile, Schwerfälligkeit** Paradoxes Brainstorming (37) „Die 10 goldenen Regeln des Sofort-wieder-Vergessens von Gelerntem"

3. Schritt: Der Regler/Verstärker

To do: Rhetorischer Feinschliff/Wirkfiguren

Ziel: fesselnd, eindringlich reden

Mit Feinschliff zum rhetorischen Kunstwerk

Nicht alle Emotionen werden bewusst als Gefühle wahrgenommen. Emotionen können in einer Intensität von unterhalb der Bewusstseinsschwelle bis zu bewussten heftigen Gefühlsregungen erzeugt werden. Die Regler, die diese Intensität steuern, sind die rhetorischen Figuren aus Teil III. Sie unterstützen Sie dabei, eine Emotion lauter oder leiser, eindringlicher, zugespitzt oder gar einhämmernd zu machen. Mit dem Feinschliff machen Sie aus Ihrer Rede ein rhetorisches Kunstwerk. Sie feilen so lange, bis jedes Wort trifft, jede Formulierung sitzt und jede Botschaft plastisch, anschaulich und eindringlich wirkt. Sie bewegen sich nun auf der höchsten Stufe der Rhetorik, herzlichen Glückwunsch!

Beispiel

Angenommen, wir sind wieder der „Lernen-Lernen"-Experte und wollen unserer Botschaft Intensität verleihen. Wir machen sie eindringlich und aufrüttelnd. Dann brauchen wir beispielsweise eine Anapher (eindringlich) und eine Klimax (aufrüttelnd), kombiniert mit rhetorischen Fragen. Lassen Sie uns eine Kernbotschaft verstärken:

1. Schritt: Motivation

Kernbotschaft: Gewinnen
„Ihr Kind wird noch effektiver Leistungen bringen und zu den Gewinnern im globalen Wettbewerb gehören."

2. Schritt: Highlights

Emotion: Stolz, Siegesgefühl, beispielsweise durch eine Studie, die den Lernerfolg und das spätere Einkommen in positive Verbindung setzt. („Mein Kind wird zu den Bestverdienern gehören.")

3. Schritt: Verstärkung

Feinschliff mit rhetorischen Wirkmitteln

a) Anapher, Klimax und Repetitio:
„Ihr Kind wird zu den Besten der Besten gehören.
Ihr Kind wird zu der Elite von morgen gehören."
b) Metapher, Klimax, Trikolon (Dreierschritt), Alliteration mit rhetorischer Frage:
„Wollen Sie also Ihrem Kind im Weg stehen und es von
effizienter, effektiver und erfolgreicher Leistung abhalten?"

Nun analysieren wir die Verstärkung der Emotion „Stolz" aus dem Beispiel a):

Mittel	Wirkung
Anapher (Wiederholung am Satzanfang): *„Ihr Kind wird zu … Ihr Kind wird zu …"*	Eindringlich Prägnant Rhythmisch
Epipher (Wiederholung am Satzende): *„… gehören. … gehören."*	Eindringlich Prägnant Rhythmisch

Repetitio (Wiederholung) *Besten der Besten*	Eindringlich Prägnant Verstärkung durch Verdoppelung der Kernbotschaft „Gewinnen“
Klimax (Steigerung) *Besten der Besten* *Elite von morgen*	Verstärkung durch Steigerung
Alliteration ***B**esten der **B**esten*	Prägnant, eindringlich, plakativ, rhythmisch
Symbolismus *Elite*	Verstärkung durch symbolische Erhöhung

Und nun analysieren wir das Beispiel b):

Mittel	Wirkung
Rhetorische Frage *„Wollen Sie also Ihrem Kind im Weg stehen und es von effizienter, effektiver und erfolgreicher Leistung abhalten?“*	Verstärkung der Gegen-Emotion „Verlieren“ durch eine rhetorische Frage, auf die der gesunde Menschenverstand mit „Natürlich nicht!“ antworten muss. Indirekte Stärkung der Kernbotschaft „Gewinnen“ Verstärkung durch Kontrast mit Antiwert
Reizwort *im Weg stehen*	Verstärkung der negativen Emotion „Zorn“ Negative somatische Markierung
Metapher *im Weg stehen*	Verstärkung der negativen Emotion durch Anschaulichkeit.

Klimax (Steigerung) *effizient, effektiv, erfolgreich*	Eindringlich Prägnant, plakativ, griffig Verstärkung durch Steigerung der Kernbotschaft: Gewinnen
Trikolon (Deierschritt) *effizient, effektiv, erfolgreich*	Verstärkung durch Häufung und Rhythmisierung Eindringlich
Alliteration (gleicher Anlaut) ***e****ffizienter,* ***e****ffektiver und* ***e****rfolgreicher*	Prägnant, eindringlich, plakativ
Magic Words *effizienter, effektiver und erfolgreicher*	Worte mit hohem positiven somatischen Marker für Menschen mit ausgeprägtem limbischen Gewinner-Programm

Die Praxis der Emotionalen Rhetorik

Kommen wir nun zu drei spannenden Fragen:

- Wie genau erzeuge ich die passende Emotion?
- Mit welchen Highlights und mit welcher Körpersprache erzeuge ich welche Emotion?
- Wie kann ich Emotionen regeln/verstärken?

Hier liegt die Verbindung zum zweiten und zum dritten Teil dieses Buches. In Sekundenschnelle finden Sie dort mithilfe des effektiven Systems der acht emotionalen Felder die Körperbilder, Inszenierungen und die Mittel, die Ihrem Vortrag maximale Wirkung garantieren. Der zweite Teil zeigt Ihnen, wie Sie dezente oder glanzvolle Highlights setzen können mit vielen Rhetorik-Techniken, die Sie in den meisten Situationen glänzen lassen. Die 40 Highlights geben Ihnen Inspiration für Ihren Vortrag, mit klaren Anleitungen und umsetzbaren Ideen.

Der dritte Teil zeigt Ihnen Schritt für Schritt, wie Sie anschaulich, eindringlich und fesselnd vortragen. Sie lernen, wie Sie Ihre Zuhörer für sich und Ihre Ideen gewinnen. Sie finden dort 30 rhetorische Wirkfiguren, um an Ihren Worten und Formulierungen zu feilen. Auf 30 Seiten erhalten Sie Anleitungen und Anregungen zum Nachmachen. Sie können so mit Ihren Worten die Herzen und Seelen Ihrer Zuhörer berühren und Menschen bewegen.

Teil II

Praxis der Emotionalen Rhetorik

Begeistern mit 40 rhetorischen Highlights

1. Werte- und Emotionsfeld: Kraft, Stolz, Siegesgefühle

Werte und Emotionen, die zu diesem Feld gehören (aufsteigend nach Wahrnehmungsstärke)

Kompetenz, Professionalität
Logik, Glaubwürdigkeit, Klarheit
Präzision, Perfektion
Autonomie, Überlegenheit
Wissen ist Macht – Vorsprung durch Technik
schneller, besser, erfolgreicher
effektiver, effizienter, wirkungsvoller
Härte, Kraft, Leistung
Durchsetzung, Kampf, Gewinn
Status, Elite, Privilegien
Ehre, Lob, Auszeichnung, Ruhm
Erster, Bester, Schnellster
Stolz, Siegesgefühl, Machtgefühl
Siegesrausch, Gewinnsucht, Gier

Bild:
Siegerehrung

Zitat:
Das Komische am Leben ist: wenn man darauf besteht, nur das Beste zu bekommen, dann bekommt man es auch.
W.S. MAUGHAM

Wann sind wir stolz?

Stolz sind wir immer dann, wenn wir ein ehrgeiziges Ziel erreichen, bis an die Grenze unserer Leistungsfähigkeit gehen, um ein Ziel zu erreichen, etwas herausragend gut gemacht haben, etwas besser können als andere, aber auch wenn wir mehr besitzen als andere.

Ihre Aufgabe als Redner:

1. Informieren über das, was Ihr Publikum voranbringt
2. Zeigen, was Ihr Publikum erfolgreich macht
3. Das Publikum Stolz empfinden lassen durch Anerkennung und Ehre
4. Sich selbst als erfolgreichen Experten und Top-Redner präsentieren

Sieger kaufen nur von Siegern

Die Sehnsucht nach diesem Emotionsfeld motiviert viele Ihrer Zuhörer, zu Ihrem Vortrag zu kommen. Sie erhoffen sich die Informationen, die sie im Leben voranbringen, die sie auf den ersten Platz katapultieren. Sie wollen erfahren, was sie erfolgreicher macht als ihren Nachbarn, Kollegen oder Wettbewerber. Natürlich wollen sie das nicht von irgendeinem Nobody erfahren, sondern von einem erstklassigen Experten, von einem führenden Wissenschaftler, von einem erfolgreichen Macher. Sie gehen zu einem Redner nur dann, wenn er selbst zu den Erfolgreichen gehört. „Sieger kaufen nur von Siegern" lautet eine alte Vetriebsweisheit. Sollten Sie noch kein bekannter Experte sein, dann arbeiten Sie konsequent daran. Schreiben Sie Bücher, veröffentlichen Sie Artikel, laden Sie die Presse ein. Verweilen Sie bei Ihren Erfolgen, malen Sie diese anschaulich aus, stellen Sie sich in eine Reihe mit bekannten Größen. Erinnern Sie sich an Ihre großen und kleinen Erfolge und fühlen Sie Ihren eigenen Stolz. Denn nur wenn Sie sich stolz fühlen, kann Ihr Publikum über die Spiegelneuronen den Stolz auch empfinden. Achten Sie auch auf eine selbstbewusste, aufrechte Körperhaltung.

Wer besitzt die eine Präferenz für dieses Emotionsfeld?

Zuhörer, die eine Präferenz für dieses Werte- und Emotionsfeld besitzen, finden wir in allen Gesellschaftsschichten. Vermehrt finden wir sie jedoch in den Reihen derer, denen die berufliche Karriere sehr wichtig ist. Aufgrund ihrer Werte (zum Beispiel „schneller, besser, erfolgreicher") finden wir sie häufiger unter Führungskräften, Ärzten, Rechtsanwälten – aber auch bei den technikorientierten Berufen. Denn was bedeutet Technik anderes als „noch schneller, noch besser, noch wirkungsvoller"? Wir finden diese Emotionsschattierung bei den Zahlenmenschen wie Controllern, Unternehmensberatern, Bankern. Sie interessieren sich vordergründig zwar für die scheinbar nüchterne Zahl, in Wirklichkeit schlägt ihr Herz jedoch für die Gewinne und Profite, die diese Zahlen symbolisieren.

Der Mythos vom „rationalen" Zuhörertyp

Menschen mit dieser Präferenz halten sich selbst meist für rational, vernünftig, sachlich, realistisch – und merken gar nicht, wie auch sie von den Programmen ihres ehrgeizigen limbischen Systems gelenkt werden. Sie werden ebenso wie alle anderen von unbewussten Motiven, Werten und Emotionen gesteuert. Doch ihre Emotionen haben gerade in der Wirtschaft oft eine nur geringe körperliche Darstellung – sie machen sich in einem eher „coolen" Körperbild bemerkbar. Körperlich gezeigt werden darf die Sieges-Emotion im Sport – vielleicht erinnern Sie sich noch an die „Beckerfaust" nach gewonnenen Big Points des ehemaligen Tennisprofis Boris Becker.

Die Anziehungskraft der konkreten Zahl

Nutzen Sie dieses Emotionsfeld immer dann, wenn Sie Zahlen, Daten und Fakten präsentieren. Argumentieren Sie hier nüchtern, prägnant und knapp. Nutzen Sie Logik, Beweise, Belege, Studien, Experimente. Messen Sie alles, was sich messen lässt. Sprechen Sie exakt. Suchen Sie immer nach konkreten Zahlen. Sagen Sie also nicht: „Die Maschine arbeitet schneller", sondern: Die Maschine stanzt pro Stunde 680 Teile, das sind 340 Teile mehr, als Ihre jetzige schafft." Rechnen Sie wann immer möglich die Vorteile in Geld um und rechnen Sie diese Zahl hoch. Bestimmen Sie den Zeitpunkt der Amortisation, also den Zeitpunkt, ab dem eine Investition Gewinne erwirtschaftet. Übersetzen Sie die Vorteile Ihrer Lösung/Ihres Produkts/Ihrer Meinung in geldwerten Nutzen.

Namhafte Experten und renommierte Universitäten

Belegen und beweisen Sie, was Sie behaupten. Studien, Experimente, wissenschaftliche Beweisführungen, Nennung von Quellen gehören zwingend in dieses Feld, vor allem wenn es sich um Fach- und Expertenvorträge handelt. Zeigen Sie auf, durch welche logischen Schritte Sie zu Ihrem Ergebnis kommen. Kommentieren Sie Ihre

Meinung differenziert. Zeigen Sie Vor- und Nachteile der jeweiligen Lösungen auf, wägen Sie unterschiedliche Lösungswege laut ab. Nutzen Sie die Stilfigur der Prolepsis (Einwandvorwegnahme), siehe Seite 201, um einerseits kritisch und differenziert zu wirken und um anderseits Ihren Meinungsgegnern den Wind aus den Segeln zu nehmen. Zitieren Sie namhafte Experten und Professoren und flechten Sie die Namen renommierter Universitäten und Institute ein. Glänzen Sie, indem Sie über Ihre erfolgreichen Projekte bei ebenso erfolgreichen Firmen und Institutionen berichten. Messen Sie den Erfolg Ihrer Methode oder Ihrer Lösung und belegen Sie diese schwarz auf weiß. Lassen Sie auch hier konkrete Zahlen sprechen.

Präsentieren Sie Größe und Stärke

Präsentieren Sie Größe und Stärke. Das erreichen Sie mit allen Arten von Diagrammen, die Wachstum und Erfolg darstellen. Hohe Balken, große Kuchendiagrammstücke, steigende Fieberkurven. Sie suggerieren Größe und Stärke auch mit Flaggen, Landkarten und Weltkarten – diese demonstrieren weltweite Präsenz und Internationalität. Ihre PowerPoint-Folien sollten klar, professionell und zahlenorientiert sein – ohne Schnörkel, ohne überflüssige Spielereien, mit eher wenigen, gedeckten Farben. Wenn Sie Hightech, High-End-Produkte oder Premiumlösungen präsentieren, dann sollten auch Ihre Zeichnungen, Grafiken, Folien professionell und hochwertig sein. Lassen Sie sie von einem Grafiker gestalten oder kaufen Sie sich hochwertige Fotos und Folien von Profis (zum Beispiel www.istockphoto.de; www.presentationload.de)

Time is money – knapp und präzise

Reden Sie kurz, knapp und präzise. Stehlen Sie Ihrem Publikum nie die Zeit. Kommen Sie auf den Punkt. Ziehen Sie sich hochwertig an, signalisieren Sie mit Ihren Accessoires Kompetenz, Status und Macht. Ihre Körperhaltung ist aufrecht, gerade und siegesgewiss. Ihre Stimme ist wenig moduliert, prägnant und eher hart. Ihre Gestik ist reduziert. Wenn Sie sie nutzen, dann um auf imaginäre Ziele zu zeigen oder um Kraft und Durchsetzung mit einer geballten Faust zu demonstrieren.

Würdigen Sie Ihr hochkarätiges Publikum

Loben und ehren Sie das Publikum. Behandeln Sie es wie VIPs. Machen Sie alles so, dass es sich in seinem Status anerkannt fühlt, denn auf Statusverletzung reagiert es sehr empfindlich mit Ärger und Zorn (siehe Emotionsfeld Nr. 2). Achten Sie auch auf ein hochwertiges architektonisches Umfeld, auf eine angemessene Inneneinrichtung, auf ein erlesenes Rahmenprogramm inklusive vorzüglichem Catering. Stellen Sie sich nie besserwisserisch oder oberlehrerhaft über Ihr Publikum. Das Publikum möchte zwar von einem erstklassigen Redner profitieren, es möchte jedoch keine Statusverletztung erleben, es möchte auf keinen Fall degradiert oder deklassiert werden.

Sprechen Sie die Werte dieses Publikums an, würdigen Sie seine hohen Ziele und stellen Sie seine Erfolge heraus. Gehen Sie auf die herausragenden Leistungen dieser Menschen ein. Damit lösen Sie ein Feuerwerk von Glückshormonen und Botenstoffen in ihrem Belohnungssystem aus. Die Lobrede ist eine typische rhetorische Form dieses Emotionsfelds: Sie ehren Einzelne, die besonders gute Leistungen erbracht haben – das ist eine verdiente Belohnung für die Ersten bzw. Sieger und ein Ansporn für alle anderen Leistungsorientierten.

Typische Situationen

Rhetorische Situationen, in denen dieses Emotionsfeld eine große Rolle spielt:

- Wissenschaftliche Vorträge
- Expertenvorträge
- Fach-Kongresse
- Business-Präsentationen
- Technische Präsentationen
- Verkaufspräsentation im Business to Business
- Lobreden und Ehrungen

Natürlich können Sie dieses Emotionsfeld in jede Rede einbauen. Wer möchte nicht zu den Besten und Erfolgreichsten gehören? Nicht alle werden sich anstrengen, um das zu erreichen, weil sie andere Emotionsfelder noch mehr bevorzugen. Aber alle werden mit spitzen Ohren zuhören, wenn Sie Ihr Know-how und Ihre Erfolgsgeheimnisse verraten.

Die nachfolgenden Highlights sollen Sie bei der rhetorischen Inszenierung und Verkörperung dieses Emotionsfelds unterstützen und inspirieren.

1. Highlight: Aufsehen erregende Zahl

Was? Lassen Sie das Publikum Zahlen raten – vor allem, wenn Ihre Idee Zeit oder Geld spart.

Wozu? Die Kernbotschaft „Mehr Gewinn/weniger Verschwendung" kann bestens verpackt werden. Vor allem aber wirken Sie sehr überzeugend, da die absolute Zahl von den Teilnehmern behauptet wird – und nicht von Ihnen. Das Wichtigste ist, dass Sie das Gefühl von Stolz und Sieg vermitteln können, wenn die Zahl richtig erraten wird!

Wie? Suchen Sie beeindruckende Zahlen, z. B. absoluter Gewinn/absolute Verschwendung oder Zahlen aus Studien, Statistiken, wissenschaftlich abgesicherten Ergebnissen etc. Finden Sie nun die Aufsehen erregendste Zahl heraus. Rechnen Sie die absolute Zahl hoch. Am besten rechnen Sie die Zahl in Geld um, dies macht Ihre Zahl noch greifbarer und plastischer für Ihr Publikum. Formulieren Sie nun eine Schätzfrage. Machen Sie ein Happening aus dem Ratespiel. Stolz, Sieg, Belohnung, Geschenke für den Gewinner. Möglicherweise können Sie auch den Rechenweg auf dem Flipchart einfach und schnell nachvollziehen.

Beispiele Schätzen Sie einmal,

- wie viel Staatsschulden wir pro Bundesbürger haben,
- wie viele neue Gesetze pro Jahr entstehen,
- wie viel mehr Umsatz Kunde Ultratech mit unserer Methode erzielen konnte,
- wie viel man mit der Investition verdienen kann (hochrechnen),
- wie viele Früchte in diesem Glas Marmelade sind,
- wie viel Prozent der Inhalt bei einer Präsentation zählt.

2. Highlight: Powerrankings

Was?

Gliedern Sie Ihr Thema in fünf bis zehn Hauptgesichtspunkte und ordnen Sie diese dann nach Wichtigkeit in eine Rangfolge.

Wozu?

Menschen lieben Rankings. Das Powerranking unterscheidet sich von der „normalen" Platzierung davon, dass dem Publikum versprochen wird, bald auch zu den Gewinnern zu gehören.

Wie?

Finden Sie passende Zahlen, Rankings oder Studien, die Ihre Position als ungeschlagene Nummer Eins dastehen lassen. Sie können auch Daten aus Studien extrahieren und daraus ein Ranking erstellen. Erstellen Sie dazu noch die passende PowerPoint-Folie, auf der ganz deutlich der Unterschied zwischen der besten Position, Ihrer Position, und den schlechteren Positionen sichtbar ist.

Beispiele

- Das Ranking der größten Bruttoinlandsprodukte der Staaten Europas
- Ein Ranking der 20 besten Hochschulen und Universitäten der Welt
- Ein Ranking der 10 umsatzstärksten Unternehmen Deutschlands
- Ein Ranking der 15 erfolgreichsten Städte Deutschlands
- Die 5 besten Strategien des Change-Managements
- Die 10 goldenen Gesetze der Sieger

Profitipp!

Die Kunst ist nun, das Powerranking mit Ihrer Kernbotschaft in Verbindung zu bringen. Indem Sie sagen, dass die Plätze 1 bis 3 es Ihnen/Ihrer Methode zu verdanken haben, dass Sie dort stehen, wo sie sind, verknüpfen Sie die positiven Assoziationen und Gefühle mit der eigenen Position.

3. Highlight: Success-Story

Was? In Geschichten wird Lebenserfahrung und Sinnstiftung transportiert. Erzählen Sie vor allem kurze Erfolgsgeschichten von Ihnen, Ihrem Team, Ihrem Unternehmen – oder Ihrem Produkt.

Wozu? Sie vermitteln mit Ihrer Position die richtigen Gefühle! In der Vergangenheit haben Sie schon positiv abgeschlossen, gewonnen, also warum sollten Sie dies nicht auch in der Zukunft tun? Ihr Publikum wird das „Siegergefühl" jeder einzelnen Geschichte nachvollziehen können und auf Sie weiter übertragen.

Wie? Welche Erfolgsgeschichte haben Sie oder Ihr Team in letzter Zeit erlebt? Welche Erfolge haben Sie erzielt? Was haben Ihre Kunden Großartiges mit Ihrem Produkt erlebt? Was war der größte Coup Ihres Vereins? Suchen Sie die beste Geschichte aus. Formulieren Sie diese schriftlich. Üben Sie, indem Sie die Geschichte laut vortragen. Achten Sie auf Wirkpausen, Tempo, Betonung und Blickkontakt. Wenn Sie die Geschichte erzählen, bleiben Sie ruhig, souverän und gelassen. Machen Sie eine Pause und leiten Sie dann zu sachlicheren Passagen über. Lesen Sie hierzu auch die Information zum Stilmittel „Narratio" (Seite 197).

Beispiele

- Erzählen Sie von schweißtreibenden Überstunden, von Erfolg, von Effizienzsteigerungen, von Konkurrenzkämpfen, von innerparteilichen Machtkämpfen, die Sie erfolgreich gemeistert haben.
- Nutzen Sie dabei immer die Hollywood-Struktur: Erzählen Sie von scheinbar unüberbückbaren Hindernissen, von Ihrem zähen Kampfgeist auf dem Weg zur erfolgreichen Lösung. Lassen Sie dabei böse Widersacher, Goliaths und Entmutiger auftreten. Zeigen Sie, wie pfiffig Sie diese ausgetrickst haben.

4. Highlight: VIP, Lob und Ehre

Was?

Sprechen Sie die Werte und Glaubenssätze Ihrer Zuhörer aus. Würdigen Sie die Kompetenzen, Taten und die Präzision Ihrer Zuhörer. Sprechen Sie deren Ziele, Wünsche und Sorgen aus.

Wozu?

Menschen mögen Menschen, die ihnen ähnlich sind. Das schafft Vertrauen und Verbundenheit. Wer Wertschätzung gibt, erhält meist Wertschätzung zurück. So kann man selbst bei einem sehr kritischen Publikum Brücken bauen.

Wie?

Suchen Sie Schnittmengen zwischen Ihnen/Ihrem Thema und Ihrem Publikum. Was imponiert Ihnen an Ihren Teilnehmern? Was ist für Ihre Teilnehmer besonders wichtig? Was ist einzigartig an Ihren Teilnehmern? Nehmen Sie dann die passenden Werte und Emotionen aus dem ersten Emotionsfeld und arbeiten Sie sie Schritt für Schritt in Ihre Rede ein.

Beispiele

- Rede vor Politikern: „Ich weiß, wie wichtig Ihnen Glaubwürdigkeit ist, gerade im öffentlichen Leben kann fehlende Glaubwürdigkeit einem den Kopf kosten … Genau deshalb sollten Sie …“
- Rede vor Managern: „Ihre Zeit ist kostbar. Ihre Arbeit ist herausfordernd. Ihre Ziele sind anspruchsvoll. Und genau aus diesem Grund …“ Oder:
- „Ihr Unternehmen hat ein bedeutendes Wachstum, einen beeindruckenden Marktanteil und eine bemerkenswerte positive Tendenz für die Zukunft.“
- Präsentation vor Logistikern: „Ich weiß, wie wichtig reibungslose Abläufe für Sie sind und wie sehr Sie sich ärgern, wenn Schnittstellen … Gerade deshalb haben wir …“
- Präsentation vor Eltern: „Ich weiß, wie wichtig es Ihnen ist, dass Ihre Kinder nicht nur erfolgreich lernen, sondern sich in unserer Schule auch wohlfühlen. Genau aus diesem Grund …“

5. Highlight: Sieg-Effekte mit Zahlen-Charts

Was? Ihre Diagramme sollen die zentrale Aussage plakativ unterstützen. „Wir gehören zu den Gewinnern – und Sie bald auch!"

Wozu? Der Zuhörer soll sich fragen, wie so ein Erfolg möglich ist, er soll von Ihren Erfolgen oder Ergebnissen beeindruckt sein und sich schließlich wünschen, auch zu den Siegern zu gehören.

Wie? Die Botschaft sollte auf einen Blick erfasst werden können. Entlasten Sie Ihre Folien so weit wie möglich grafisch. Zeigen Sie nur die Zahlen, Balken, Tortenstücke, auf die es ankommt. Weg mit 3D-Effekten, Abschrägungen, Schattierungen, Umrahmungen, Verzerrungen – das alles überlädt eine Folie und macht sie schwer zugänglich. Die Balken und Kuchenstücke werden sukzessive animiert, sodass eine Spannung aufgebaut wird. Der zentrale Balken / das zentrale Kuchenteil wird zum Schluss genannt, mit Stolz und Nachdrücklichkeit in der Stimme und mit leuchtenden Augen. Schließen Sie dann mit einer rhetorischen Frage an: „Möchten Sie wissen, worauf der große Erfolg beruht?" oder „Und Sie fragen sich jetzt sicherlich: Wie haben wir das gemacht?" (vgl. Highlight 3 Erfolgsgeschichten erzählen: die Success-Story).

Beispiel

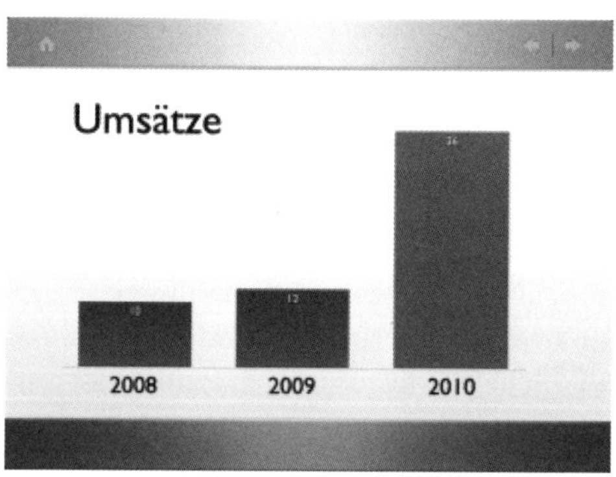

6. Highlight: Die Körpersprache des Experten

Körpersprache	Werte und Emotionen: Glaubwürdigkeit und Respekt
Ausgangsposition:	
Mit beiden Füßen fest auf dem Boden	Bodenständig, geerdet
Beine hüftbreit auseinander	Sicherer Stand; Glaubwürdigkeit
Ganz aufrecht stehen	Aufrichtigkeit; Ehrlichkeit
Übergang zum Experten:	
Etwas locker lassen, sich Zeit lassen und das Publikum dies subtil spüren lassen	Kühle; Scharfsinn, Intelligenz
Mimik:	
Pokerface, eher wenig Lächeln	Keine Angriffsfläche zeigen; erhöht Status
Bestimmte, klare Mimik	Kompetenz, Präzision
Stimme:	
Feste, eher tiefe Stimme	Respekt, erhöhter Status
Wenig modulierte Stimme	Sachlich, nüchtern, emotionslos
Glaubwürdiges Stimm-Muster: Stimme am Satzende senken	Glaubwürdig
Gestik:	
Sehr reduzierte Gestik	Sachlichkeit, Nüchternheit
Präzisierungsgestik und Ziel-Gesten	Präzision, Entschlossenheit; Bestimmtheit
Position im Raum:	
Distanziert, hinter einem Pult o. Ä.; „Nimbus der Unnahbarkeit“	Stärke, Coolness
Kleidung:	
Neutraler, hochwertiger Business-Look	Keine Angriffsfläche bieten; erhöhter Status
Präsentationstechnik steht im Vordergrund – Mensch im Hintergrund	Sachlich, objektiv, fortschrittlich, männlich
Faszinieren mit Daten und Fakten	Neutral, wissenschaftlich, anspruchsvoll

2. Werte- und Emotionsfeld: Ärger, Zorn

Werte und Emotionen, die zu diesem Feld gehören (aufsteigend nach Wahrnehmungsstärke)

Assoziation des Publikums zur Gegenposition:

schwach, schwammig
umständlich, langatmig, langsam
amateurhaft, unprofessionell
Verluste, Defizit, Benachteiligung
verlieren, versagen, unterliegen, hinten liegen
Letzter, Langsamster, Looser
versagen, Versager
Schädigung, Herabsetzung
Frust, Empörung, Groll, Ärger
Zorn, heiliger Zorn, Rache
Wut, Hass, Rage, Weißglut

Bild:
Mit der Faust auf den Tisch hauen

Zitat:
Die Empörung ist der Zorn der Gerechtigkeit.
SULLY PRUDHOMME

Zornig sind wir immer dann, wenn jemand uns daran hindert, unsere Ziele zu erreichen, wenn jemand uns in unserem Recht beschneidet, uns herabsetzt, wenn jemand unsere Werte verletzt, wenn wir respektlos behandelt werden, wenn wir verbal oder körperlich angegriffen werden. Zorn können wir auf Menschen, aber auch auf Institutionen empfinden. Am größten ist unser Zorn, wenn wir das Gefühl haben, wir werden absichtlich geschädigt, über den Tisch gezogen oder hinter das Licht geführt.

Wann sind wir zornig?

Zorn empfinden wir eher in unterlegenen Positionen, die aber nicht so aussichtslos sein dürfen, dass sich das Kämpfen nicht lohnt. Wir können selbst zu den Privilegierten gehören und trotzdem Zorn empfinden, wenn wir erkennen, wieviel Unrecht auf Erden herrscht. Die Aufgabe des Redners ist es, sich zum Sprachrohr des Zorns zu machen und für die Entrechteten oder Benachteiligten zu kämpfen. Er stellt sich an deren Spitze. Zornige Reden werden eher von der Opposition als von der Regierung, eher von der Gewerkschaft als vom Management gehalten. Zorn richtet sich meist gegen etwas, hat wenig visionäre, dafür viel mobilisierende Kraft. Zorn ist der Motor für gesellschaftliche Umwälzungen und Umverteilungen. Er gehört zu den dunkelsten Tasten auf unserer rhetorischen Klaviatur – und ist doch notwendig, um Mitstreiter für hellste Ziele wie Gerechtigkeit und Menschenwürde zu gewinnen.

Zorn hat mobilisierende Kraft

Zu den Aufgaben des Redners gehört es,

- sich selbst als gerecht, uneigennützig und kämpferisch zu präsentieren,
- die Ist-Situation als Verlust-Situation für das Publikum darzustellen,
- die Soll-Situation als Gewinn-Situation für das Publikum darzustellen,
- die Gegenposition als unterlegen, schwammig, schwach, widersprüchlich, längst widerlegt, verlustreich usw. hinzustellen,
- dem Gegner egoistische Motive, eigennützige Ziele und unlautere Methoden zu unterstellen,
- den Gegner mit negativen Werten zu belegen (Unfreiheit, Unrecht, Egoismus, Versagen usw.),
- den Gegner anzugreifen, entweder direkt oder indirekt.

Dieses Emotionsfeld spielt hauptsächlich in politischen und gesellschaftlichen Reden eine große Rolle. Seine gemäßigten Nuancen gehören aber in jede motivierende Rede. Denn nur wenn der Ist-Zustand als verlustreich dargestellt wird, kann ein Redner seine Zuhörer für seine Lösung gewinnen und für sein Ziel mobilisieren.

Fingerspitzengefühl für die richtige Dosierung

Es gehört viel Fingerspitzengefühl dazu, diese Emotion in der richtigen Dosierung zu erzeugen. Denn wenn Sie den Gegner zu direkt angreifen, verlieren Sie die Sympathien des Publikums. Das Publikum solidarisiert sich mit dem Angegriffenen. Deshalb gehen die Kontrahenten in der heutigen politischen Debatte eher vorsichtig miteinander um. Im Buhlen um die gesellschaftliche Mitte sind eher mittlere, moderate Töne angesagt.

Wohlkalkuliert zornig die eigenen Ziele vertreten

Je mehr Verlierer eine Gesellschaft produziert, desto mehr Resonanz im Publikum finden die lauteren Töne. Aufgrund unserer Geschichte sind wir in Deutschland besonders vorsichtig in der Verwendung extremer Emotionen. Hitler und Göbbels spielten leider genau die lauten emotionalen Schattierungen von Neid, Hass, Wut und Rache gekonnt. Die damalige Opposition spielte die leisen, moderaten Töne und unterlag. Die Lehre, die wir daraus ziehen können, ist einerseits, früh zornig auf gesellschaftliche Entwicklungen zu reagieren, die viele Verlierer produzieren, und für Gerechtigkeit und Würde zu kämpfen. Zweitens können wir aus der Geschichte lernen, uns nicht zu scheuen, auch ab und an leidenschaftlich zornig die eigenen Ziele zu vertreten. Nicht umsonst kennt die Bibel den „heiligen Zorn" und wir sprechen von dem „gerechten Zorn". Rhetorisch unbrauchbar ist der impulsive, wilde Zorn. Er vernebelt eher die Gedanken und schadet Ihnen mehr, als er nutzt. Setzen Sie Zorn nur wohlkalkuliert in Ihrer Rede ein.

Unzumutbare Zustände anprangern

Im wirtschaftlichen Kontext nutzen wir dieses Emotionsfeld immer dann, wenn wir einen unzumutbaren Verlustzustand beschreiben, wenn wir rivalisierende Lösungen angreifen oder wenn wir Mitbewerber aus dem Rennen werfen wollen. Es gehört zum guten Ton, Mitbewerber nie direkt, respektlos und persönlich anzugreifen. Die Kunst besteht darin, dies subtil zu erreichen. Die antike Rhetorik gab den Gerichtsrednern den Rat: „Triffst du die

Sache nicht, triff die Person. Triffst du die Person nicht, dann triff die Sache". Im wirtschaftlichen und politisch gemäßigten Kontext greift eher der zweite Rat. Es wird die Sache, die Methode, die Lösung, das Verhalten angegriffen – und so indirekt die Person. Es wird eher assoziativ diffamiert, das heißt die Gegenposition wird mit Negativworten und negativen Vergleichen in Verbindung gebracht. Aufgrund von ein bis zwei negativen Bespielen wird eine negative Verallgemeinerung abgeleitet. „Immer", „nie" und „jedes Mal" sind typische verbale Indikatoren für solche Pauschalverurteilungen.

Den Finger genussvoll in die Wunde legen

Die ungünstigen Seiten der Gegenposition werden hervorgehoben, die günstigen werden abgeschwächt oder verschwiegen. Ihre Schwächen und Fehler werden übertrieben ausgemalt, ihre Erfolge werden geschmälert, entweder ignoriert oder als einmalige Zufallstreffer deklassiert. Die Lösung des Wettbewerbers wird als langsamer, umständlicher, verlustreicher hingestellt. Der Finger wird genussvoll in die Wunde gelegt, bei Fehlern und Schwächen wird ausführlich verweilt. Gewiefte Präsentatoren planen nach der Darlegung der Gegenmeinung eine Diskussionsrunde ein – so kann das Publikum sich nun selbst über dessen Schwachstellen lang und ergiebig austauschen.

Angriffslustig, hart und schneidend

Wichtig ist die Körpersprache des Zorns. Die Mimik ist entschlossen und ernsthaft. Zornesfalten erscheinen über der Nasenwurzel. Es wird nicht gelächelt, die Lippen sind schmal und gepresst. Der Blick ist eng und zielgerichtet. Die Haltung ist kämpferisch. Die Hand wird angespannt oder zur Faust geballt. Ab und an schlägt sie auf den Tisch. Die Stimme ist laut und bestimmt. In leisen emotionalen Phasen ist sie angriffslustig, hart und schneidend. In moderateren Phasen ist sie anklagend und empört. In hoch emotionalen Phasen steigert sie sich bis zum wütenden Stakkato. Die Funktion des Zorns ist es ja, durch sichtbare Demonstration von Stärke und Kampfbereitschaft den Gegner einzuschüchtern und ihn dadurch zu Zugeständnissen oder gar zum Rückzug zu bewegen. Das Thema dieses Emotionsfelds ist der Kampf. Das Ziel: durch fairen verbalen Kampf einerseits Unfairness, anderseits körperliche Gewalt zu verhindern.

Rhetorische Situationen, in denen dieses Emotionsfeld eine große Rolle spielt:

- Politische Rede – Angriff und Herabsetzung der Gegenpartei
- Reden der Opposition
- Reden von Bürgerbewegungen (gegen die Erderwärmung, gegen den Bau einer neuen Startbahn usw.)
- Reden von Interessenverbänden (zum Beispiel Lobbyisten gegen neues Gesetz)
- Reden im juristischen Kontext (Anklage/Verteidigung)
- Diskussion und Debatte, rhetorische TV-Duelle
- Tadelrede; Verriss; Schmähschrift; Streitschrift
- Als kalkulierte Techniken in gewinn- oder machtorientierten Verhandlungen
- Schlagfertigkeit, Standing
- Als Teil jeder mobilisierenden Rede

7. Highlight: Reizwörter

Was?

Reizwörter sind die ausgesprochenen Anti-Werte Ihrer Teilnehmer, möglichst in übertriebener Form (Höllewörter). Starke negative emotionale Markierung der Worte, die zu negativen Gefühlen beim Zuhörer führen.

Wozu?

Mit Reizwörtern können Sie abwerten, polarisieren, aufrütteln. Sie sind gut geeignet, um gegnerische Argumente zu entkräften. So kann blitzschnell die Gegenposition mit dem negativen somatischen Marker versehen werden. Sie haben so die Möglichkeit, mithilfe von Ärger und Zorn über die Gegenposition die eigene Position besser darzustellen.

Wie?

Wert: schnell – Anti-Wert: langsam – Reizwort: lethargisch

Wert: menschlich – Antiwert: unmenschlich – Reizwort: abgebrüht

Suchen Sie auch passende Wörter aus den Medien. Diese Wortkreationen bringen es oftmals auf den Punkt und werden von den meisten Zuhörern gekannt. Dadurch, dass Sie schon mit negativen Emotionen behaftet sind, machen Sie sich nicht die Hände schmutzig, erreichen aber ein höchst passables Ergebnis!

Beispiele

Heuschrecken, Gammelfleisch, Seminarorgien, Preistsunami, Jungdynamiker, Lustreisen, Herdprämie, Prekariat, neoliberales Geschwätz, ausplündern, Benzinfresser, Finanzhaie, Sozialraub

8. Highlight: Die Macht der Verschwendung

Was? Durch das Aufbauen einer „Zahlenhölle“ vergegenständlichen Sie die Verschwendung der Gegenposition bzw. das, was passiert, wenn man nicht Ihre Methode, Ihr Produkt etc. nutzt.

Wozu? Sie können einfach und schnell Antipathie für die Gegenposition erzeugen. Geld, Arbeitszeit und Ressourcen allgemein werden ungern verschwendet. Wenn Sie durch ein „Looserranking“ oder „rote Zahlen“ die Verschwendung darstellen können, haben Sie gewonnen! So wird nicht nur das Publikum auf Ihre rettende Idee warten, sondern vielmehr noch sich von allen anderen abwenden.

Wie? Drücken Sie den Verlust bzw. die Verschwendung so konkret wie möglich aus. Erstellen Sie ein „Looserranking“ der verlusthaftesten Betriebe, der mitgliederärmsten Parteien, der erfolglosesten Vereine. Zeigen Sie, was man mit dem Geld, der Arbeitszeit alles hätte machen können.

Beispiele Inszenieren Sie nun das Hölle-Szenario mit „Hölle-Folien“ aus PowerPoint:

- Teufelskreise, Pfeile, die nach unten zeigen, Stufen die nach unten gehen
- „rote“ Zahlen, abschreckende Diagramme, sinkende Kurven
- Kombinieren Sie die Technik mit einem Quiz: „Schätzen Sie: Wieviel Euro werfen wir Jahr für Jahr sinnlos zum Fenster hinaus?“ (Zorniges Körperbild)
- Betonen Sie die Zahlen-Worte, ziehen Sie sie lang: 55 (Pause) Tausend (Betonung, Pause) 800 (Pause) Euro (lange Pause). Wiederholen Sie die Zahlen mehrmals nacheinander, so brennen diese sich dauerhaft ein.

9. Highlight: Kampfrhetorik

Was?

Sie gehen auf die Gegenposition zu Ihrer Kernbotschaft ein und demontieren sie nach allen Regeln der Redekunst.

Wozu?

Durch die „zerstörte" Gegenposition wirkt Ihre eigene Botschaft viel besser. Weiteren Kritikern wird der Wind aus den Segeln genommen, da Sie als kompetenter Redner und brillanter Rhetoriker auftrumpfen. Das Gefühl des Sieges über den Feind überträgt sich mithilfe der Spiegelneuronen auf Ihr Publikum.

Wie?

Arbeiten Sie für sich die Hauptargumente der Gegenposition heraus. Nehmen Sie die in Ihren Augen gefährlichsten und suchen Sie passende Gegenbeispiele, Entkräftungen, Widerlegungen.

Beispiele

Haben Sie erst einmal Schwachpunkte in der gegnerischen Argumentation erkannt, so lassen sie sich durch systematische Einwände vergrößern. Nicht jedes Argument kann widerlegt werden, es kann jedoch infrage gestellt werden.

- Gegen Produkte: zu groß, zu klein, unausgereift, nichts Neues, zu wenig durchdacht, zu teuer, totes Kapital, bringt nichts
- Gegen Firmen: keine Erfahrung, keine Referenzen, schlechtes Image, unzuverlässig, unflexibel
- Gegen Argumente allgemein: aus dem Zusammenhang gerissen, in diesem Fall nicht gültig, „Sie vergleichen Äpfel mit Birnen" usw.
- Gegen Person, die argumentiert: vertritt Eigeninteressen, moralische Glaubwürdigkeit anzweifeln, auf persönliche Angriffe aufmerksam machen

10. Highlight: Die Körpersprache des Kämpfers

Körpersprache	Werte und Emotionen: Kampfgeist, Siegesgewissheit und Durchsetzung
Ausgangsposition:	
Mit beiden Füßen fest auf dem Boden	Bodenständig, geerdet
Beine hüftbreit auseinander	Sicherer Stand; Standfestigkeit
Ganz aufrecht stehen, Ganz symmetrisch stehen	Aufrichtigkeit
Übergang zum Kämpfer:	
Ganz ruhig stehen	Standing
Körperspannung erhöhen	Entschlossenheit
Blick leicht von oben nach unten, Kinn wird betont	Status anheben (Dominanzgeste)
Verengter Blick, geradeaus auf ein Ziel gerichtet	Entschlossenheit, Geradlinigkeit
Mimik:	
Kein Lächeln, konzentrierter Gesichtsausdruck	Entschlossenheit, Präzision, Status anheben
Zornesfalte	Ernsthaftigkeit des Gesagten; Zorn
Stimme:	
Wenig moduliert, hart, prägnant	Prägnanz, Entschlossenheit, Klarheit
Eindringlich und fest	Festigkeit, Kraft und Stärke
Gestik:	
Auf ein Ziel zeigen, kraftvoll nach vorne deuten, klar und eindeutig; ab und an Hand zur Faust	Entschlossenheit, Orientierung; Klarheit
Spannung in die Handgelenke	Gefolgschaft (Aussage: ich weiß, wo es langgeht – folgt mir!)
Mit der Faust auf den Tisch schlagen	Kampfbereitschaft, Ernsthaftigkeit
Position im Raum:	
Erhöht, Podium, Podest oder (Redner-)Pult	Status anheben
Kleidung:	
Hochwertiger Business-Look	Keine Angriffsfläche bieten; erhöhter Status; Macht und Erhabenheit
Präsentationstechnik:	
Abhängig von der jeweiligen Kernbotschaft (Fakten, Bilder, Charts etc.)	Untermalen des Gesagten (Fakten; erdrückende Realität; Bilder: Schwäche; Charts: Versagen etc.)

3. Werte- und Emotionsfeld: Ordnung, Sicherheit, Vertrauen

Werte und Emotionen, die zu diesem Feld gehören (aufsteigend nach Wahrnehmungsstärke)

Ordnung, Struktur, Planung
System, Methoden, Effizienz
Vorhersagbarkeit, Verlässlichkeit, Kontrolle
Sparsamkeit, Askese, Disziplin
Qualität, Solidität, Stabilität
vertraut, bekannt, erfahren
Integrität, Anstand, Pflichtgefühl
bewahren, Tradition, Heimat
zufrieden, beruhigt, Ruhe
zuversichtlich, sicher, gefestigt
beschützt, geborgen
beschwichtigt, ruhiggestellt

Bild:
Stabil wie eine Eiche

Zitat:
Auch eine Meile von tausend Stunden beginnt mit einem einzigen Schritt.
LAO-TSE

Wann vertrauen wir?

Beruhigung und Vertrauen empfinden wir immer dann, wenn wir uns sicher fühlen. Wir fühlen uns sicher, wenn wir wissen, was auf uns zukommt, wenn uns etwas vertraut ist, weil wir es gut kennen, wenn wir in unseren lieb gewonnen Gewohnheiten verweilen dürfen. Wir vertrauen demjenigen, den wir kennen, der uns ähnlich ist, der hält, was er verspricht. Misstrauisch macht uns alles Neue, Komplizierte, Vielschichtige und Abstrakte. Bewährt, einfach und konkret – das sind die Wünsche der limbischen Sicherheitsinstruktion an das Leben allgemein und an den Redner insbesondere.

Aufgaben für den Redner:

- Sich selbst als anständig und verlässlich präsentieren
- Durch schrittweises, geordnetes und systematisches Vorgehen Vorhersagbarkeiten schaffen
- Die eigene Lösung als bewährt, solide und lange haltbar darstellen
- Das Publikum nicht verwirren und abschrecken durch Vielschichtigkeit, abgehobene Theorie oder waghalsige Visionen
- Einfach, pragmatisch und konkret präsentieren, um kognitive Unsicherheiten zu vermeiden
- Eindeutige und zuversichtliche Handlungsempfehlungen aussprechen

Wer besitzt die eine Präferenz für dieses Emotionsfeld?

Auch das sicherheitsbewusste Publikum finden wir in allen Gesellschaftsschichten. Seine limbische Sicherheitsinstruktion lenkt es jedoch unbewusst vermehrt in Berufe, die „sicher“ sind, die feste Regeln haben und einen hohen Routineanteil. Der Staatsdienst, die Polizei, das Militär, die Qualitätskontrolle, Sicherheitsdienste, Innendienst, Buchhaltung, traditionelle Berufe ziehen Menschen mit dieser limbischen Instruktion am meisten an.

Vertrauen ist das A und O

Vertrauen ist eine wichtige rhetorische Währung. Ohne Vertrauen gibt es keine Glaubwürdigkeit, keine Sympathie und somit keine Gefolgschaft. Vertrauen ist das A und O im rhetorischen Überzeugungsprozess. Ist es verspielt, ist das nicht wieder gutzumachen. Deshalb treten Manager und Politiker zurück, wenn sie das Vertrauen verloren haben. Keiner würde ihnen mehr glauben, geschweige denn folgen, auch wenn sie nun die Wahrheit sagen würden.

Demut, Dankbarkeit, zaghaftes Beginnen

Es gibt beim Vertrauen ein rhetorisches Paradoxon. Einerseits wollen die Zuhörer den faszinierenden Redner der ein rhetorisches Feuerwerk entzündet. Andererseits macht genau dieser Redner sie misstrauisch. Verspricht er nicht zu viel? Kann er es auch halten? Hämmert er nicht zu laut und zu heftig in die Tasten? So kommt es, dass oft farblose Menschen den Auftrag bekommen oder gewählt werden. Die Kunst des Redners liegt darin, die eigene Stärke nur anzudeuten, sich ihrer scheinbar nicht bewusst zu sein. Alle großen Redner wissen, dass sie sich am Anfang einer Rede erst das Vertrauen und die Sympathie des Publikums sichern müssen. Demut, Dankbarkeit, zaghaftes Beginnen sind Kennzeichen einer rhetorisch perfekten Einleitung. Die antike Rhetorik nennt diesen Einstieg „captatio benevolentiae", das „Erlangen des Wohlwollens". Wenn Sie die Rede von Barack Obama im Anhang lesen, werden Sie sehen, dass sogar einer der mächtigsten Männer der Welt am Tag seines größten Triumphes demütig, dankbar und bescheiden beginnt. Die Rede steigert sich dann zum Schluss hin zu den selbstbewussten Emotionsfeldern wie Stolz und visionärem Pathos.

Einprägsame Wiederholungsfiguren

Wenn Sie das Vertrauen Ihres Publikums gewinnen wollen, dann machen Sie es wie die Großen und beginnen Sie klein und bescheiden Ihre Rede. Verwenden Sie im Laufe der weiteren Rede viele einprägsame Wiederholungsfiguren wie Anapher, Epipher, Parallelismus, Anadiplose (vgl. dritter Teil). Sprechen Sie in einfachen, kurzen Sätzen. Meiden Sie Nebensätze, streichen Sie verschachtelte Sätze. Ziehen Sie das deutsche Wort dem englischen vor, den Komparativ dem Superlativ, die konventionelle Metapher der originellen. Das limbische System der Sicherheitsinstruktion reagiert auf Neues äußerst misstrauisch und markiert originelle Botschaften mit negativen somatischen Markern.

Hölle schlägt Himmel

Sprechen Sie eher von Problemen und wie Sie diese lösen wollen statt von Zielen und Visionen. Präsentieren Sie Ihre Lösung als die vernünftigste, stellen Sie Ihren Lösungsweg in die Mitte, strapazieren Sie das sicherheitsbewusste Publikum nicht mit Visionen,

Theorien, Philosophien. Führen Sie es lieber über überschaubare Ziele in die richtige Richtung. Wenden Sie die Politik der kleinen Schritte an. Sprechen Sie bei großen Projekten hauptsächlich vom ersten Schritt. Lassen Sie sich den ersten Schritt absegnen. Bauen Sie Meilensteine und absichernde Ausstiege auf dem Weg zum Ziel ein. Stellen Sie Alternativen als Sicherung vor, motivieren Sie zum Probelauf oder kostenlosen Test.

Minutiöse Planung begeistert das Publikum

Gehen Sie geordnet vor und seien Sie ordentlich. Ihre Schuhe sind poliert, Ihre Kleidung gebügelt und Ihre Frisur sitzt. Die Flipchart-Stifte schreiben ordentlich, und Ihre Folien und Unterlagen haben keinen einzigen Rechtschreibfehler. Sie haben eine sichtbare Tagesordnung, und Sie halten sich minutiös daran. Wenn Sie für 20.30 Uhr eine Pause ankündigen, dann achten Sie darauf, dass die Pause auch genau um 20.30 Uhr stattfindet. Das begeistert Ihre Zuhörer mehr als Ihre vielleicht revolutionären Theorien. Haben Sie solche zu verkünden, dann stellen Sie diese als „Weiterentwicklung des bisher Bewährten" dar. Denken Sie daran, dass jede revolutionäre Idee zu 70 Prozent auf schon Bekanntem aufbaut. Nichts ist komplett neu.

Begreifen mit Gleichnissen

Arbeiten Sie lieber mit Beispielen und Demonstrationen als mit Theorien und Visionen. Zeigen Sie lieber anhand eines konkreten Beispiels, warum Ihre These richtig ist. Machen Sie abstrakte Inhalte begreifbar – griffig. Nutzen Sie Gleichnisse, Vergleiche, Beispiele, Anschauungsobjekte, Demonstrationen. Lassen Sie Ihre Teilnehmer selber etwas tun. Lassen Sie Ihr Publikum Ihre Thesen am eigenen Leib ausprobieren. Konzentrieren Sie sich auf die Beweise und Belege, die Sicherheit garantieren. Gibt es Testergebnisse unabhängiger Institute? Gibt es verbindliche Garantien? Gibt es Referenzen zufriedener Anwender?

Körperbild der Sicherheit

„Bei der Sicherheit gibt es keinen Rabatt" – dieser Spruch stammt paradoxerweise von Joschka Fischer. Viele Menschen sind bereit, für ihre Sicherheit viel zu bezahlen und auf vieles – vielleicht Aufregendes, Herausforderndes – zu verzichten. Sicherheit auszustrahlen gehört zu den grundlegenden Aufgaben eines Redners. Sich innerlich sicher zu fühlen, sich seiner Meinung sicher zu sein ist ein hilfreiches Gefühl, wenn wir vor Menschen sprechen. Aber auch eine ruhige, aufrechte Körperhaltung strahlt viel Sicherheit aus. Ruhig bedeutet: nicht zappeln, nicht nesteln, nicht wippen. Aufrecht bedeutet: stabil und solide wie eine Eiche. Bauen Sie auch tastende, bedächtige Passagen in Ihre Rede ein. Machen Sie Ihr Publikum nachdenklich, nehmen Sie es langsam und vorsichtig mit auf Ihre Gedankenreise – dann folgt es Ihnen sogar in aufregende Regionen und herausfordernde Situationen. Sachte, behutsam und Schritt für Schritt.

Rhetorische Situationen, in denen dieses Emotionsfeld wichtig ist:

- Einstieg in eine Rede
- Werben für Neuerungen und Veränderungsprozesse
- (Politische) Reden in schwierigen Zeiten
- Reden vor einem sehr sicherheitsorientierten Publikum
- Verkaufspräsentationen vor sicherheitsorientiertem Publikum
- Basis einer jeden Rede vor großem Publikum, weil die limbische Sicherheitsinstruktion am häufigsten vorkommt und bei vielen Menschen am stärksten ausgeprägt ist.

11. Highlight: Überzeugen mit Struktur

Was? Eine überzeugende Struktur ist das A und O jeder Rede. Es gibt verschiedene Arten Reden zu strukturieren und zu gliedern, es kommt immer auf den Anlass und die Aussage an!

Wozu? Struktur erzeugt Ordnung, Verlässlichkeit und Vertrautheit. Nicht nur für Ihr Publikum, sondern auch für Sie als Redner. Durch eine klare Gliederung zeigen Sie Ihrem Publikum, dass Sie Ihre Rede verlässlich geplant haben, auf bewährte Muster zurückgreifen und einen festen Rahmen haben.

Wie? Eine Rede besteht immer aus einem Anfang, einem Hauptteil und einem Schluss. Das Wichtigste bei der Gliederung ist der Hauptteil. Der Schluss ist der Höhepunkt einer Rede: ein Appell, ein Fazit, eine Zusammenfassung.

Beispiele Hauptteil:

- Hölle („Ist-Zustand") – Himmel („Soll-Zustand") – Weg (Ihre Lösung etc.)
- Vergangenheit – Gegenwart – Zukunft
- Individuum – Gruppe/Firma/Schule – Gesellschaft
- Theorie – Praxis – Fazit
- 3 Module; 6 Schritte-Programm; 12 Stationen; 4 Meilensteine; 3 Beispiele

Profitipp Die Highlight-Karte der überzeugenden Struktur kann auch mit anderen Emotionsfeldern (EF) kombiniert und verstärkt werden.

- EF 1: Die 3 Gesetze des Erfolgs
- EF 7: Die 10 Geheimnisse einer spannenden Rede
- EF 8: 7 Tipps, wie Sie Ihr Publikum endgültig vergraulen
- EF 5: Bewegende Story 1 – Story 2 – Story 3

12. Highlight: Test und Demonstration

Was?

Sie lassen Ihre Teilnehmer einen Test ausführen. Die Teilnehmer können nun selbst prüfen, ob Ihre Botschaft stimmig ist.

Wozu?

Tests sind spannend und besitzen hohe Überzeugungskraft. Menschen lieben es, selbst mehr über das Thema zu erfahren, als nur davon erzählt zu bekommen. Vor allem aber beruhigt es den „inneren Kritiker" der Teilnehmer.

Wie?

Fragen Sie sich, welche Kernbotschaft können Ihre Teilnehmer selbst testen? Stellen Sie nun einen Test zusammen und geben Sie den Teilnehmern genaue Anweisungen. Vor allem aber lassen Sie ihnen Zeit, den Test ausgiebig durchzuführen. Leiten Sie danach eine Auswertungsrunde ein und sammeln Sie die Erfahrungen der Teilnehmer am Flipchart. Danken Sie dem Publikum und ordnen Sie die Ergebnisse ein.

Beispiele

Folgendes lässt sich beispielsweise testen:

- Gute und schlechte Qualität (zum Beispiel Druck ausüben: wann bricht etwas)
- Technische Features; Demoversionen; Prototypen
- Muster zum Vergleichen
- Maschine ausprobieren lassen
- Essen, Trinken testen (ausprobieren)
- Psychologische Kurztests zum Ankreuzen
- Lustige Tests zum Aufheitern/Entspannen
- Unsichtbares sichtbar machen, z. B. Zollstock für Lebenszeit (L. Seiwert), große Steine für Aufgaben mit hoher Priorität, wenn Sie beispielsweise über Zeitmangel referieren

13. Highlight: Gelinggarantie und Zufriedenheitsgeschichte

Was? Bringen Sie Beweise, Belege und Bestätigungen dafür mit, dass Ihr Produkt, Ihre Idee, Ihre Lösung sich bewährt hat.

Wozu? Testergebnisse von unabhängigen Instituten, verbindliche Garantien für Ihre Produkte oder Referenzen von (Groß-)Anwendern sind immer ein beliebtes Instrument, die eigene Position zu bekräftigen und zu sichern. Nutzen Sie diese positive Kraft von „neutralen“ Organisationen und Instituten oder auch von Kunden und garantieren Sie somit Ihrem Publikum, dass Ihr Weg der ist, der gelingt und zufriedenstellt.

Wie und Beispiele

- Gibt es Testergebnisse unabhängiger Institute?
- Gibt es verbindliche Garantien?
- Gibt es Referenzen zufriedener Anwender?
- Gibt es erfolgreiche Beispiele in der Geschichte?
- Gibt es stützende Aussagen anerkannter Autoritäten?
- Gibt es eine moralische Regel, auf die Sie zurückgreifen können?
- Gibt es eine Mehrheit, die hinter Ihnen steht?
- In welchen Innungen, Verbänden und Qualitätszirkeln sind Sie Mitglied?
- Wieviele Jahre Erfahrung haben Sie?
- Haben Sie TÜV, ISO-Norm, Zertifizierungen?
- Gibt es einen „Papst“, eine anerkannte Autorität, einen Prominenten, der auch Ihre Meinung vertritt/Ihre Methode anwendet?
- Haben Sie wortwörtliche Kundenreferenzen und Zitate?

14. Highlight: Szenario-Technik – die vernünftige Mitte

Was?

Bauen Sie zwei Extreme, zwei Höllen auf und zeigen Sie nun Ihrem Publikum den goldenen Mittelweg, Ihren Weg.

Wozu?

Die menschliche Wahrnehmung ist relativ. Wir nehmen Dinge nur in Relation zu anderen Dingen wahr. Es gibt keine „gute Qualität an sich". Gute Qualität können wir nur in Relation zu besserer oder schlechterer erkennen (zum Beispiel feiner als ..., weicher als ..., günstiger als ...). Diese Kontrast-Technik können Sie auch in der Präsentation nutzen, indem Sie das Umfeld für Ihre Lösung schaffen.

Wie?

Suchen Sie sich zwei extreme Gegenpositionen zu Ihrer Kernbotschaft, die Sie dann als unsicher, unvernünftig und verschwenderisch verwerfen. Sprechen Sie gern und oft von „der Mitte", von „Balance", vom „gesunden Menschenverstand". Mit dem Mittelweg präsentieren Sie nun Ihre eigene wohldurchdachte Lösung des Problems. Variante: Sie verwerfen zwei Lösungswege Ihrer Mitbewerber als untauglich. Präsentieren Sie erst dann Ihren durchdachten und genialen Lösungsweg.

Beispiele:

- Keine Entwicklungshilfe – 10 Prozent des Staatshaushalts Entwicklungshilfe – gezielte Förderung entsprechender Projekte nach besonderen Kriterien
- Wieder neue Sau durchs Dorf treiben – alles beim Alten lassen und untergehen – intelligentes Change-Projekt
- Nur Maschinen – nur Arbeiter – Ihre neue Roboteranlage mit Experten
- Den Betrieb schließen – den Betrieb verkaufen – den Betrieb mit Ihrem Konzept sanieren

15. Highlight: Trust-Story – Geschichten mit Tradition

Was? Erzählen Sie Geschichten mit Tradition, Menschen lieben Geschichten aus vergangenen Zeiten. Lassen Sie sie teilhaben an Ihren Erinnerungen, an Geschichten, wie alles entstanden ist, wie alles begann und wo Sie heute stehen.

Wozu? So vermitteln Sie Ihrem Publikum das Gefühl, in den richtigen Händen zu sein. Auf Sie kann man sich verlassen, Ihre Firma wird schon seit fünf Generationen von derselben Familie inhabergeführt. Sicherheit, Verlässlichkeit ist das, was Sie nun ausstrahlen.

Wie? Suchen Sie sich passende Geschichten oder Vergleiche, die die Tradition Ihres Unternehmens oder Ihres Produkts unterstreichen. Diese Strategie passt natürlich nicht zu jedem Produkt und Unternehmen. Wenn Sie aber die Werte dieses Felds auf Ihre Position oder Ihr Produkt übertragen wollen, müssen Sie sich unbedingt auf Ihre eigene Geschichte berufen. Was haben Sie schon alles erlebt und überlebt?

Beispiele/ Kernbotschaften

- „Schon seit 20 Jahren verkaufen wir dieses Produkt, und es gab noch nie Probleme"; Bewährtes Produkt seit 1990
- Partei mit 130-jähriger Geschichte, inhabergeführtes Unternehmen seit 200 Jahren / fünf Generationen
- Magic Words: bewährt, solide, verlässlich, genormt, nach alter Väter Sitte, verwurzelt … (Meiden Sie Anglizismen und Trendsprachen)
- Charts: Foto des Gründers, Foto des Firmengebäudes anno 1880; Foto mit vier Generationen; Fotos, die an die „gute alte Zeit" erinnern

16. Highlight: Die Körpersprache der Sicherheit – die Eiche

Körpersprache	Werte und Emotionen: Sicherheit und Vertrauen
Mit beiden Füßen fest auf dem Boden	Bodenständig
Geerdet; stellen Sie sich vor, Ihre Füße haben tiefe Wurzeln wie eine Eiche	Bodenhaftung
Beine hüftbreit auseinander	Sicherer Stand; Standfestigkeit
Ganz aufrecht stehen	Aufrichtigkeit
Ganz symmetrisch stehen (Gewicht auf beide Füße *gleichmäßig* verteilt)	Aufrichtigkeit (wer lügt, windet sich und wird asymmetrisch)
Gewicht auf Fußballen verlagern	Zugeneigt
Ganz ruhig stehen	Ruhe, Souveränität, unerschütterlich (Gibt Sicherheit, wie ein Fels in der Brandung)
Kopf und Hals im 90°-Winkel	Selbstsicher (weder hochnäsig noch demütig), geradlinig, offen
Offener Blick, geradeaus	Geradlinig, aufrichtig, groß (sich am Scheitel aufrichten)
Kopf gerade und in Verlängerung der Wirbelsäule	Moderat, Mittelmaß zwischen extro- und introvertierten Signalen
Mimik: Offen, engagiert, klar, freundlich wirkend	Furchtlos, souverän (Schultern oben und vorne zeigen Angst, da eingezogener Kopf)
Schultern nach unten und nach hinten	Moderat, angenehm, beruhigend
Gestik: Ruhige Gestik, Hände vor der Körpermitte Nicht zu eng an den Körper gepresst	Selbstbewusst, nimmt sich Raum (aber auch nicht zu viel)
Position im Raum: Zentral und in der Mitte; Sie sind als Redner das Zentrum des Geschehens	Klarheit, Standhaftigkeit, Ehrlichkeit, Vertrauen, Zuverlässigkeit

4. Werte- und Emotionsfeld: Besorgnis, Angst

Werte und Emotionen, die zu diesem Feld gehören (aufsteigend nach Wahrnehmungsstärke)

Assoziation des Publikums zur Gegenposition:

chaotisch, verworren, sprunghaft
labil, brüchig, gefährlich, unbeherrschbar
Vergeudung, Verschwendung
krank, fehlerhaft, verdorben
kompliziert, komplex, abgehoben
neu, revolutionär, anarchistisch
unberechenbar, unsicher, riskant
wehrlos, schutzlos
gefährdet, gefährlich, bedrohlich, gefahrvoll
Besorgnis, Furcht, Angst
Panik, Massenpanik

Bild:

Den Boden unter den Füßen verlieren
Treibsand

Zitat:

Das älteste und stärkste Gefühl ist Angst, die älteste und stärkste Form der Angst ist die Angst vor dem Unbekannten.
H. P. LOVECRAFT

Angst haben wir immer dann, wenn uns etwas bedroht oder bedrohlich erscheint; wir haben Angst vor unbekannten Situationen, neuen Wegen, Risiken. Wir haben Angst, unseren Arbeitsplatz, unsere Sicherheiten und unseren Wohlstand zu verlieren. Wir haben Angst, arm, alt, krank und verlassen zu werden. Wir fürchten uns vor Unbekanntem, vor dem Fremden. Wir haben Angst vor Chaos und Kontrollverlust und davor, schwere Fehler zu machen. Veränderungen, neuen Begebenheiten und revolutionären Methoden begegnen wir mit Distanz. Wir haben Angst vor Kritik, vor negativer Bewertung, vor Ablehnung.

Wann haben wir Angst?

Angst ist eine große und wichtige Emotion auf unserer rhetorischen Klaviatur. Sie schützt uns vor Gefahren und Risiken. Sie sagt: „Bleib in Deckung! Bleib in Sicherheit! Verändere nichts!" Die Angst ist also eine „Brems-Emotion", eine Vermeidungsemotion. Mit der Angst warnen Sie als Redner Ihr Publikum vor falschen Wegen. Sie schützen und bewahren Ihr Publikum vor Risiken. Deshalb projizieren Sie die Angst auf die Gegenposition oder auf den gefährlichen Ist-Zustand – nie auf Ihre eigene Position oder gar auf sich selbst.

Angst schützt uns vor Gefahren und Risiken

Ihre Aufgabe als Redner ist es,

- den Ist-Zustand als instabil, chaotisch, gefährlich, beängstigend zu beschreiben,
- die Gegenpositionen als unsicher und unkontrollierbar abzustempeln,
- Ihr Publikum zu warnen, zu mahnen, zu beschützen
- den Gegner als Chaoten, unerfahrenen Neuling, Spinner, Rebellen usw. zu porträtieren.

Der Redner als Mahner und Warner, als Beschützer und Retter – das ist das große rhetorische Thema dieses Emotionsfelds. Es wertet den Redner sehr subtil auf indirekte und somit sympathische Art auf. Der Mahner steht moralisch auf der richtigen Seite, er gehört zu den Guten, er ist einer von uns. Klar ist die Front zur Gegenmeinung, zur Gegenpartei. Diese stehen natürlich auf der falschen Seite, sie gehören zu den Bösen, sie verhalten sich moralisch

Schwarz und weiß klar getrennt

fragwürdig. Schwarz und Weiß sind bei der Angst klar getrennt. Nur dieses Weltbild erlaubt die eindeutige Einteilung von Gut und Böse, von Freund und Feind, von einem „Wir" und dem „Anderen". Vereinfachen Sie, wenn auch nur für kurze Zeit, ihr Weltbild und polarisieren Sie, auch wenn Sie selbstverständlich wissen, dass die Welt komplexer ist.

Körpersprache des Mahners

Fangen Sie mit der Körpersprache des Mahners an. Seine Haltung ist eher gebeugt, seine Schultern gekrümmt – lastet doch die ganze moralische Verantwortung auf ihm. Die Stirn wird in Falten gelegt, der Blick schaut besorgt, der Kopf ist leicht geneigt und nickt nachdenklich. Mit den Händen untermauert er das Gesagte. Seine Stimme klingt besorgt. Wenn Sie Heiner Geißler kennen, dann dürfen Sie ihn jetzt vor Ihrem geistigen Auge aufrufen. Falls Sie ihn nicht kennen: Auch die Moderatoren anklagender Fernsehsendungen wie „Monitor" oder „Report" sind typische Verkörperungen dieser Emotion.

Die großen Angst-Themen unserer Zeit

Am meisten Angst haben wir vor dem Ungewissen. Deshalb können Sie Ihre Thesen fast immer aus den großen Angst-Themen unserer Zeit ableiten: die „unkontrollierbare Globalisierung", der „steigende Druck der Märkte auf den Einzelnen", die „rasante Geschwindigkeit der Veränderungen", die „Anonymität des Internets", der „sprunghafte, allzeit wechselbereite Kunde" und der „Verlust der Werte". Bleiben Sie deshalb auch eher unbestimmt in Ihren Formulierungen. Sprechen Sie von „Gefahr", von „unkontrollierbaren Märkten", von „unsichtbaren Gegnern". Bleiben Sie zwingend plakativ. Dass die Globalisierung auch viele Chancen birgt, dass das Internet uns verbindet und emanzipiert – lassen Sie das unter den Tisch fallen. Übertreiben Sie, nutzen Sie drastische Metaphern und Bilder, es muss ja nicht gleich „die Achse des Bösen" sein. Verwenden Sie die rhetorische Figur der Klimax (siehe Teil III).

Teufelskreise, Abwärtsspiralen und düstere Bilder

Ihre PowerPoint-Folien sind düster. Die Botschaft: „Es sieht nicht gut aus." Pfeile zeigen nach unten. Die Botschaft: „Es geht bergab". Teufelskreise, Abwärtsspiralen und Stufen, die nach unten führen sind wirkungsvolle Angstmacher. Wenn Sie diese Folien noch mit besorgter Stimme und gefurchter Stirn kommentieren, werden alle

Zuhörer betroffen in ihre Sitze sinken und besorgt nicken. Wenn Sie Fotos nutzen, dann natürlich höllische: desillusionierte Jugendliche, düstere Plattenbauten, zerstörte Natur. Besser können Sie den Boden für Ihren nachfolgenden Auftritt als Retter und Beschützer nicht bereiten.

In helle Emotionsfelder wechseln

Denken Sie daran, nach der Hölle kommt zwingend der Himmel. In diesem Zustand dürfen Sie Ihre Teilnehmer nicht nach Hause gehen lassen. Sagen Sie laut und selbstbewusst: „So kann und darf es nicht weitergehen!" Wechseln Sie beherzt auf ein helles Emotionsfeld. Führen Sie dann Ihr Publikum in Ihr Paradies. Zeigen Sie, dass Ihr Weg, Ihre Lösung die ist, die dieses Wunder vollbringt. Präsentieren Sie sich und Ihre Lösung als Rettung, als Abwendung der Gefahr. Ihr Publikum wird Sie dafür schätzen.

Rhetorische Situationen, in denen dieses Emotionsfeld eine große Rolle spielt:

- Warnen und mahnen
- Politische Gegenrede
- Reden in Krisenzeiten
- Gegnerische Position erschüttern
- Motivation für Veränderungen
- Gewerkschaftsrede
- Gesellschaftliche Reden
- Diskussion/Debatte
- Juristische Rede (Anklage/Verteidigung)
- Teile einer Predigt
- Teile von Verkaufspräsentationen
- Verkaufen in Krisenzeiten
- Teile von Businesspräsentationen
- Teile einer jeden aufrüttelnden Rede

17. Highlight: Vorher Hölle – nachher Himmel

Was? Ein starker Kontrast zwischen dem vorherigen, schlechten Zustand und dem guten Zustand hinterher dank Ihrer Methode/Meinung.

Wozu? Nichts schärft mehr als Kontrast. Das wussten schon die Rhetoren im antiken Griechenland und nutzten die Antithese als eines der wichtigsten Stilmittel. Das „Vorher-Nachher-Highlight“ ist die ultimative Steigerung der Antithese, die weg von ihrem sprachlichen Ursprung geht und durch visuelle, auditive, kinästhetische Vorher-Nachher-Vergleiche das Publikum bei der Wahl seiner Entscheidungen zu beeinflussen versucht.

Wie? Suchen Sie Ihre Kernbotschaft und Ihrem Publikum entsprechende Vorher-Nachher-Vergleiche. Dies können Bilder, Modelle, Gerüche, Melodien etc. sein, solange der Bezug zu Ihrem Thema gegeben ist. Zeigen Sie, wie chaotisch, fehlerhaft und unsicher der Zustand vor Ihrem Zutun war, und wie geordnet, makellos und sicher es danach ist. Inszenieren Sie ruhig den „Vorher-Zustand“ noch schlechter, indem Sie einen Hobbyfotografen vorher einsetzen und einen Profifotografen später etc.

Beispiele: Vorher-Nachher

- Charts: Vor Ihrer Methode Chaos (verworrenes Ablaufdiagramm) – nachdem Ihre Methode angewendet wurde: gestraffte, klare Abläufe (geordnetes Ablaufdiagramm)
- Geschichten: Bevor Ihr Produkt verwendet wurde, fühlte sich Ihre Zielgruppe müde, matt und schlapp – jetzt dank der guten Inhaltsstoffe gesund, straff, stark und kann Bäume ausreißen, wo eigentlich gar keine sind.
- Modell: instabiles Gerät vorher – solides Gerät nachher

18. Highlight: Den Teufel an die Wand malen

Was?

Durch stetige Steigerungen malen Sie den „Teufel“ an die Wand und bieten ein griffiges „Feindbild“.

Wozu?

Wenn der „Feind“ bzw. die Gegenposition mit all ihren Schattenseiten dem Publikum bekannt ist, fällt es ihm wesentlich leichter, der besseren Position zu folgen. Nur so erscheint Ihre Position noch sicherer, noch geplanter, noch verlässlicher.

Wie?

Steigern Sie, was Sie können! Übertreiben Sie ruhig ein bisschen bei den Zahlen, Daten und Fakten, schließlich geht es um die Sache. Nutzen Sie Reizworte und bauen Sie diese häufig aus und ein. Nutzen Sie passende Vergleiche, die die Gegenposition bzw. den Missstand in einem noch schlechteren Licht darstellen.

Beispiele

Malen Sie mit Übertreibungen den Teufel an die Wand:

- Die Einführung einer neuen Methode wird zu einer „dramatischen Veränderung“.
- Aus der Streichung von 10 Prozent des Kulturbudgets leiten Sie den „Untergang der abendländischen Kultur“ ab.

Nutzen Sie beängstigende Metaphernfelder:

- Krankheitsmetaphorik („wuchern wie Krebsgeschwüre“)
- Kriegsmetaphorik („an der Globalisierungsfront“)
- Katastophenmetaphorik („Datenflut“; „Preistsunami“; „Kostenlawine“)

Steigern Sie das Gefühl der Angst mit einer Klimax:

- Führen Sie ebenso steigernd die verheerenden Folgen auf; zuerst für den Einzelnen, dann für die Familie und schließlich für die ganze Gesellschaft.

19. Highlight: Mahnende Worte, Vergleiche, Geschichten

Was? Bauen Sie die Körpersprache des Mahners auch inhaltlich weiter aus. Dies können Worte oder Vergleiche sein, die das Ganze unterstreichen, oder Beispiele und Geschichten, die Sie bestätigen.

Wozu? Durch mahnende Worte oder Vergleiche geben Sie die Richtung vor. Sie wirken berechnend und vorausschauend und geben Ihrem Publikum das Gefühl von Sicherheit. Nutzen Sie diese Kraft der Worte, um Ihr Publikum in den sicheren Hafen zu bringen!

Wie? „Was wäre, wenn wir so weitermachen? Was wäre, wenn wir der chaotischen Gegenposition folgen? Was wäre, wenn wir diesem Greenhorn frisch von der Uni folgen?“ Das ist das Muster der mahnenden Rede. Rufen Sie nicht direkt negative Emotionen hervor, sondern sorgen Sie vielmehr dafür, die negativen Folgen im „Hinterkopf“ bewusst zu machen.

Beispiele

- „Sehen Sie sich einmal die Geschichte von XY an, wir müssen nun aufpassen, dass uns nicht dasselbe passiert ...“
- „Man könnte die Lage unserer Firma mit der eines führerlosen Schiffs im Eismeer vergleichen: Wenn wir nicht handeln, werden wir einen Eisberg treffen ...“
- Erzählen Sie ein abschreckendes Höllebeispiel, das ein böses Ende nimmt. Erzählen Sie von einem Jugendlichen, der in den unsichtbaren Fängen des Internets verloren gegangen ist. Beschreiben Sie die Ängste und Sorgen der Eltern, Erzieher und Psychologen. Blenden Sie deren besorgte Gesichter mit PowerPoint ein, zitieren Sie sie wörtlich. Zeigen Sie düstere Folien, Fotos und Strukturbilder. Zeigen Sie, welche Folgen das für Ihr Publikum haben wird.

20. Highlight: Die Körpersprache des Mahners

Körpersprache	Werte und Emotionen: Furcht, Besorgnis und Angst
Ausgangsposition: „Eiche“ (vgl. S. 125)	Vertrauen, Sicherheit, Beruhigung
Übergang zum Mahner: Etwas mehr das Körpergewicht auf die Fußspitzen verlagern	Mehr Nähe zum Publikum; Besorgnis; Mitgefühl
Körperhaltung etwas gebeugter und bedrückter	Verantwortungsbewusst; Schwere der Verantwortung ist dem Redner klar
Kopf leicht schief legen, leicht nicken oder den Kopf schütteln	Nachdenklich, vertieft
Mimik: Stirn in Falten legen, sehr ernst werden	Besorgnis, problembewusst
Auf keinen Fall lächeln, nicht strahlen, kein optimistischer Gesichtsausdruck	Ernsthaftigkeit, Verantwortungsgefühl
Stimme: Langsam sprechen	Bedächtig, behutsam
Nachdenkliche und lange Pausen machen	Bedeutungsschwere
Mahnende, besorgte und eindringliche Stimme	Furcht erzeugend
Gestik: Eine Hand ans Kinn führen, den Kiefer nachdenklich reiben	Abwägen, sich Sorgen machen
Feingliedrige Detailgestik	Genauigkeit
Mahnend mit dem erhobenen Zeigefinger gestikulieren	Besorgnis, Angst; Bewusstsein und Verdeutlichen der Situation
Position im Raum: Nähe zum Publikum suchen, aber dennoch Distanz wahren	Feingefühl; Mitgefühl; Bewusstsein der Besorgnis
Auf Redebeiträge der Teilnehmer erst nach langer Denkpause eingehen	Nachdenklichkeit, Ernsthaftigkeit

5. Werte- und Emotionsfeld: Sympathie, Berührung, Verbundenheit

Werte und Emotionen, die zu diesem Feld gehören (aufsteigend nach Wahrnehmungsstärke)

Nähe, Gemeinsamkeit, Austausch
Wärme, Freundlichkeit
Schönheit, Charme, Sinnlichkeit, Genuss
Harmonie, Einklang
wohlfühlen, spüren
Anziehung, Zuneigung, Liebe
Gemeinschaft, Verbundenheit, Wir-Gefühl
soziale Geborgenheit, soziale Integration
Fürsorge, Menschlichkeit, soziales Engagement
Verständnis, Einfühlung, Empathie
Mitgefühl, Mitleid
Berührung, Rührseligkeit
Symbiose, kollektiver Rausch

Bild:

Arm in Arm

Zitat:

Nur wer den Menschen liebt, wird ihn verstehen.
Wer ihn verachtet, wird ihn nicht einmal sehen.
CH. MORGENSTERN

Berührt fühlen wir uns immer dann, wenn jemand uns wirklich versteht, mit uns fühlt, unsere innersten Gedanken nachempfinden kann, wenn uns jemand so sieht, wie wir wirklich sind, mit allen Stärken, aber auch mit allen Schwächen. So ein Redner ist uns sympathisch, und automatisch wird uns auch sein Anliegen sympathisch. Das Ziel des limbischen Verbundenheitsprogramms ist die enge und gute Gemeinschaft. Aufgehoben in einer Gemeinschaft zu sein bedeutet, gemeinsam stärker zu sein. Gemeinsamkeit, Wir-Gefühl, soziale Gemeinschaft sind die großen politischen Themen dieses Emotionsfelds. Nähe, Austausch, Sympathie, Wohlgefühl sind seine wichtigsten Bestandteile.

Wann sind wir berührt?

Die Aufgabe des Redners ist es,

1. Nähe und Sympathie zum Publikum herzustellen über das Betonen von Gemeinsamkeiten. Botschaft: „Ich bin einer von euch.",
2. aus vielen unterschiedlichen Individuen ein „Wir" zu formen, aus einzelnen Zuhörern eine Gemeinschaft des Fühlens, Denkens und Handelns zu machen,
3. Nähe zu erzeugen: die innersten Gedanken und Gefühle der Teilnehmer zu kennen und auszusprechen,
4. das Publikum zu berühren mit persönlichen Geschichten, tiefgründigen Zitaten, heiteren Anekdoten, humorvollen Erzählungen, lustigen Witzen, schauspielerischen Einlagen, anrührenden Gedichten, ansprechenden Bildern, angenehmen Erlebnissen,
5. ein Festival der Sinne zu erzeugen: das Publikum fühlen und spüren zu lassen. Erkenntnisse auf eine möglichst sinnliche Art zu transportieren mit Personifizierungen, Demonstrationen, Objekten und durch persönliches Ausprobieren der Thesen.

Menschen mit einer stark ausgeprägten limbischen Verbundenheitsinstruktion finden wir auch in allen Gesellschaftsschichten. Es sind die Menschen, denen das Miteinander, das Menschliche sehr wichtig ist. Natürlich sind soziale, helfende, pädagogische und psychologische Berufe prädestiniert dafür. Forschungen belegen, dass es sich um ein eher weibliches Emotionsfeld handelt. Das heißt für Sie als Redner: Schauen Sie sich dieses Feld sehr genau an, wenn Sie vor vielen Frauen oder einem gemischtgeschlechtli-

Zuhörer mit Präferenz für dieses Emotionsfeld

chen Publikum sprechen. Und auch vor einem eher männlichen Publikum, welches eher das erste und zweite Emotionsfeld bevorzugt, ist es förderlich, Sympathie und Gemeinschaftsgefühl zu erzeugen.

Sympathie bedeutet Nähe

Wie können Sie als Redner Sympathie erzeugen? Machen Sie sich bewusst, dass Sympathie Nähe bedeutet, und zu viel Nähe geht auf Kosten von Respekt. Und zu viel Respekt, also Distanz, geht auf Kosten von Sympathie. Achten Sie deshalb auf einen Ausgleich zwischen diesem Emotionsfeld und dem ersten Emotionsfeld, Stolz und Respekt. Angenommen, Sie entscheiden sich bewusst für mehr Nähe, weil das Ihrem Wesen entspricht oder weil Sie so Ihr Ziel am besten erreichen können, dann stellen Sie von Anfang an Nähe her: Begrüßen Sie Ihr Publikum mit Handschlag und Augenkontakt – auch wenn 100 Zuschauer kommen. Stellen Sie sich vor. Wenn Ihre Zeit es erlaubt, plaudern Sie mit den Zuschauern. Stellen Sie Fragen. Hören Sie gut zu. Wenn Sie vor wenigen Menschen sprechen, verteilen Sie Namensschilder, sodass Sie alle mit Namen ansprechen können.

Sagen Sie, was Sie bewegt

Stellen Sie sich gleich am Anfang sehr persönlich vor. Sagen Sie, was Sie bewegt, wie Sie sich im Moment fühlen, wie es Ihnen gerade geht. Oder beginnen Sie Ihre Rede direkt mit einer persönlichen Geschichte, deren Verlauf Ihre ganze Rede im Kern vorwegnimmt. Verlassen Sie hin und wieder die Bühne und gehen Sie zu Ihrem Publikum. Schauen Sie einzelnen Teilnehmern tief und lange in die Augen; versuchen Sie mit jedem im Publikum Augenkontakt zu halten. Sprechen Sie mit einfühlsamer, weicher, melodischer Stimme. Ihr Blick ist warm und verständnisvoll, Ihr Gesicht weich und beweglich, Ihre Gestik groß und gefühlvoll. Sie geht vom Herzen Richtung Publikum. Betonen Sie Gemeinsamkeiten zwischen sich und Ihrem Publikum. Die Botschaft: „Ich bin einer von euch! Ich kenne eure Sorgen und Nöte! Deshalb bin ich derjenige, der sie am besten lösen kann. Also unterstützt mich!"

Schaffen Sie ein Wir-Gefühl

Schaffen Sie ein Wir-Gefühl. Sprechen Sie von Anfang an in Wir-Form, sprechen Sie Ihr Publikum persönlich an. Bauen Sie Passagen ein, in denen Ihr Publikum sich gegenseitig kennenlernen kann. Lassen Sie zwei bis drei Sitznachbarn einige Minuten zu Ihrer These diskutieren, verteilen Sie kleine Gruppenaufgaben. Das geht auch mit einem sehr großen Publikum und ist sehr wirkungsvoll. Lassen Sie Ihr Publikum gemeinsam etwas tun: eine Aufgabe lösen, eine Körperübung machen, ein Rätsel erraten. Sprechen Sie immer wieder Gemeinsamkeiten an: „Wir Lehrer …“; „Wir Eltern“; „Wir Frauen“, „Wir über 40-Jährigen “; „Wir Verantwortungsbewussten …“

Sorgen Sie für Wohlgefühl

Sorgen Sie für Wohlgefühl: Achten Sie auf ein warmes Licht und schöne Farben, auf einen angenehmen Duft, auf gemütliche Sitze. Lassen Sie nur Menschen mit freundlichen Gesichtern am Empfang oder in der Organisation arbeiten. Sorgen Sie für wohlschmeckende Getränke und genussvolle Häppchen. Erfreuen Sie Ihr Publikum mit kleinen Geschenken, die im Vorfeld auf die Sitze verteilt werden. Das kann etwas sein, was mit Ihrem Thema in Verbindung steht, aber auch eine kleine Schokolade oder schön gestaltete Unterlagen mit einem edlen Stift. Hirnforscher können nachweisen, dass unser Belohnungsszentrum sehr stark auf unerwartete Geschenke reagiert und viele Glückshormone freisetzt.

Erzählen Sie einen Witz

Seien Sie humorvoll, denn nichts verbindet mehr als gemeinsames Lachen. Erzählen Sie einen Witz. Er muss nicht einmal zu Ihrem Thema passen. Sagen Sie einfach: „Apropos, da fällt mir gerade ein Witz ein.“ Und erzählen Sie dann beherzt Ihren Witz. Ihr Publikum wird Sie lieben. Bringen Sie Ihr Publikum sooft es geht zum Lachen. Kontrastieren Sie lustige Passagen mit nachdenklichen oder sogar traurigen. Dieses Wechselbad der Gefühle ist ganz besonders reizvoll für dieses Publikum.

Erzählen Sie Geschichten

Erzählen Sie Geschichten. Mal nachdenkliche, mal leidenschaftliche, mal lustige, mal traurige. Erzählen Sie die Geschichten lebendig wie ein Schauspieler. Verwandeln Sie sich in die handelnden Personen, sprechen Sie mit unterschiedlichen Stimmen, nutzen Sie die ganze Bandbreite Ihrer Stimmtheatralik. Bringen Sie Ihr Publikum zum Schmunzeln. Transportieren Sie Erkenntnis über lehrreiche Geschichten oder Personifizierungen. Lassen Sie Objekte reden, tanzen, fühlen, sprechen – und schon wird Ihre Rede witzig, anschaulich und verständlich. Suchen Sie sich Sprüche und Zitate aus, die zu Ihrem Thema passen. Projizieren Sie das Zitat samt einem berührenden Foto mit dem Beamer auf die Leinwand. Lassen Sie es wirken, zerreden Sie es nicht. Zeigen Sie kurze bewegende Videos, lassen Sie Musik laufen. Tragen Sie anrührende Gedichte vor. Wenn Sie mutig sind, dann singen, basteln oder turnen Sie mit Ihrem Publikum. Sie glauben, das geht nicht? Dann besuchen Sie Vorträge von Top-Rednern und staunen Sie, was die mit Ihrem Publikum so alles anstellen. Und das Publikum macht begeistert mit!

Lassen Sie Ihr Publikum fühlen, spüren, handeln

Erzeugen Sie ein Festival der Sinne: lassen Sie Ihr Publikum fühlen, spüren, anfassen, handeln, reden, riechen, schmecken, ausprobieren, sich bewegen, singen, malen, modellieren, rätseln, sich austauschen. Setzen Sie solche Aktionen immer wohldosiert und sehr gut geplant ein. Umrahmen Sie solche sinnliche Passagen immer mit sachlichen, nüchternen Redeteilen. Dann übernehmen die sinnlichen Passagen die Funktion, die sachlichen Passagen zu beweisen. Sie sind der Turbo jedes herausragenden Redners im Überzeugungsprozess.

Geschäftspartner durch Sympathie gewinnen

Auch in der Wirtschaft sind diese Tasten sehr wichtig. Menschen machen lieber Geschäfte mit Menschen, die ihnen sympathisch sind. Und Kunden kaufen lieber, wenn sie sich auch sinnlich von der Qualität der Produkte überzeugen können oder wenn sie eine Geschichte von anderen, zufriedenen Kunden erfahren. Und Mitarbeiter verstehen die neue Unternehmensstrategie vielleicht besser, wenn sie ihnen in Form einer Geschichte erzählt wird, mit handelnden Personen, in denen sie sich wiederfinden können. Sie können wahre Geschichten erzählen, Geschichten erfinden oder nach einer passenden Geschichte suchen. Anekdoten, Mythen, Fabeln, Lehrgeschichten – es gibt schöne Sammlungen extra für Führungskräfte. Die kursieren dann in Wirtschaftskreisen unter dem besser vermittelbaren englischen Namen „Leadership & Storytelling".

Rhetorische Situationen, in denen dieses Emotionsfeld eine große Rolle spielt:

- Motivationsreden
- Festvorträge
- Infotainment (Expertenvortrag mit dem Ziel, das Publikum mehr zu unterhalten als zu informieren, es in eine gute Stimmung zu versetzen)
- Incentives, Galas, Eventmarketing
- Seminare, Trainings, Schulungen
- Verkaufsgespräche
- Verkaufspräsentationen
- Selbstpräsentationen
- Teile einer jeden bewegenden Rede

21. Highlight: Interaktion mit dem Publikum

Was? Der Präsentierende geht in einen Dialog mit dem Publikum, oder er lässt das Publikum etwas selbst tun, wichtig ist vor allem: Das Publikum ist aktiv.

Wozu? Mithilfe der Interaktion binden Sie Ihr Publikum noch fester an sich. Dadurch, dass es Dinge selber tun und erleben wird, wirkt das Gesagte noch überzeugender und glaubhafter.

Wie anhand von Beispielen Es gibt unterschiedliche Möglichkeiten. Hier einige Ideen:

- Flipchart-Zuruf: Sie stellen eine Frage und schreiben die Antworten am Flipchart mit. Gut geeignet für den Anfang, um die Wünsche, Ziele oder Probleme der Teilnehmer zu erfahren: „Was darf auf keinen Fall sein?", „Was belastet Sie im Moment am meisten?", „Welche Ziele haben Sie in Bezug auf...?", „Wo sehen Sie Handlungsbedarf?" Wichtig: nur eine Frage auf einmal stellen.
- Kärtchen-Methode: Sie stellen eine Frage und verteilen Moderationskärtchen. Die Teilnehmer schreiben die Antworten darauf. Einsammeln, vorlesen, pinnen – in den Vortrag einbeziehen. Gut geeignet für die Lösungsphase/den Schluss.
- Hand-hoch-Abfragen: Sie stellen eine Frage und das Publikum muss bei „Ja" die Hand heben: „Wer von Ihnen hat schon einmal ...?", „Hand hoch: Haben wir Ärzte im Publikum?", „Hand hoch: Wer kennt ...?"
- Teilnehmer selbst etwas machen lassen: Demonstration, Ausprobieren. Gut geeignet, um Ihre Kernbotschaften zu beglaubigen.
- Gruppenarbeit: Teilnehmer bearbeiten nach Ihren genauen Vorgaben ein Thema Ihres Vortrags.

22. Highlight: Mit Storytelling berühren, belehren und bewegen

Was?

Eine Geschichte kann erfunden sein, erlebt sein oder aus der Literatur stammen. Sie erzählt am Beispiel eines anderen Menschen etwas, was uns alle betrifft. Ein Märchen kann phantastische Elemente enthalten und somit Ereignissen eine weitere metaphysische Dimension geben. Fabeln sind Geschichten, in denen die Helden aus dem Tierreich stammen. Menschliche Eigenschaften werden auf die Tiere übertragen. Mythen sind uralte Geschichten, die uns auf anschauliche und personifizierte Art die Welt erklären. Wichtig: Die Geschichte soll eine Moral haben.

Wozu?

Eine gute (persönliche) Geschichte verdeutlicht und veranschaulicht menschliche Schlüsselsituationen und macht eine Präsentation lebendig und spannend. Geschichten wirken auf bewusster und unbewusster Ebene, wodurch sie hohe Überzeugungskraft besitzen.

Wie?

Suchen Sie in einer Sammlung eine Geschichte, die zu Ihrem Thema passt. Erinnern Sie sich an eine wichtige Lebenserfahrung, die Sie mit Ihren Teilnehmern teilen können. Wichtig: Die Geschichte muss Ihre Kernbotschaft verpacken, transportieren und beglaubigen. Lesen Sie hierzu auch die Seite 197 „Narratio“.

Beispiele: Sammlungen von Weisheitsgeschichten

- Marco von Münchhausen und Waltraud Trageser: *Die Metaphernkartei.*
- Nossrat Peseschkian: *Der Kaufmann und der Papagei* (Orientalische Geschichten in der positiven Psychotherapie).
- Matthias Nöllke: *Anekdoten, Geschichten, Metaphern für Führungskräfte.*
- Wolf W. Lasko/Iris Seim: *Die WOW-Präsentation. 72 Storys und Zitate für Ihren mitreißenden Auftritt.*
- Gerhard Reichel: *Der Indianer und die Grille. 238 Storys zum Nachdenken und Weitererzählen.*

23. Highlight: Gefühlvolle Bilder und Metaphern

Was? Bilder und Metaphern, die hochemotional aufgeladen sind. Die Gehirnforschung hat nachgewiesen, dass das Belohnungssystem intensiv feuert, wenn wir schöne, glückliche Gesichter ansehen.

Wozu? Bilder sagen mehr als tausend Worte! Vertrauen Sie auf die Kraft des Bildes und lassen Sie es für sich sprechen oder Ihre Worte unterstreichen. Durch gefühlvolle Bilder und Metaphern lassen Sie andere für sich sprechen und wirken so überzeugender und bewegender.

Wie? Zuerst müssen Sie wissen, was Sie genau aussagen wollen, welche Facette des Emotionsfeldes Sie ansprechen wollen. Reduzieren Sie also auf eine Kernbotschaft oder einen Teilaspekt davon. Suchen Sie nun im Internet, in Büchern oder Bildbänden nach dem passenden Bild, das Ihre Aussage unterstreicht oder das Ihre Aussage sein soll. Suchen Sie in Bildarchiven nach Fotos, indem Sie die passende Emotion ins Suchfenster eingeben, zum Beispiel „glücklich".

Beispiele Das lachende Kindergesicht, romantischer Sonnenuntergang, Sonnenuntergang am Meer, sinnliches Paar, umarmende Menschen, an einem Strang ziehen, schöne Naturaufnahmen; strahlende Anwender Ihrer Produkte; glückliche Nutznießer Ihrer Ideen; Fotos von Referenzkunden; niedliche Tiere; Tiere mit Kindchenschema; Teamfoto usw.

Profi-Tipp: Bild und Zitat Sehr berührend ist es, wenn Sie ein gefühlvolles Bild groß auf eine PowerPoint-Folie ziehen und auf ein transparentes Textfeld eine Lebensweisheit mit schöner Schrift schreiben. Lassen Sie das Chart wirken, zerreden Sie es nicht.

24. Highlight: Personifizierung und Personenevokation

Was?

Bei der Personifizierung werden unbeseelte Vorgänge oder Gegenstände beseelt, bei der Personenevokation wird eine fiktive Person erfunden. Sie tritt wie ein Schauspieler innerhalb Ihrer Präsentation auf und spielt unterschiedliche Szenarien durch.

Wozu?

Ihr Vortrag wird viel anschaulicher, amüsanter und dynamischer. Man kann Dinge oder Personen in direkter Rede sprechen lassen – das macht den Vortrag lebendig und kurzweilig. Sie eignen sich auch gut, um die Kernbotschaft „menschlich“ bzw. „für den Menschen gemacht“ zu verpacken. Aber auch komplexe Vorgänge lassen sich einleuchtender erklären.

Wie anhand von Beispielen

Personifikation

- „Der Umsatz springt vor lauter Freude an die Decke und reibt sich die Hände. ‚Ja‘, denkt er, ‚so könnte es weitergehen.‘ Doch um die Ecke lauert …“
- „Unser Programm wird Ihr neuer Freund sein! Er fragt Sie jeden Morgen, … Er sagt ihnen, wie … Er unterstützt Sie, wenn …“

Personenevokation

- „Stellen Sie sich einen Menschen vor, der noch nie …“
- „Stellen Sie sich zwei Redner vor: Der eine, Herr Blass …, der andere Herr Fesselnd …“
- „Lassen wir mal einen typischen Kunden zu Wort kommen …“
- „Wie sieht das Zeiterfassungssystem aus Sicht unserer Mitarbeiter aus? Begleiten wir einmal einen Mitarbeiter, nennen wir ihn Herr Müller, einen Tag lang …Und wie sieht das aus Sicht eines Vorgesetzten, nennen wir ihn Herr Meier, aus? Fangen wir auch hier mit Schichtbeginn an …“

25. Highlight: Festival der Sinne

Was? Das „Festival der Sinne“ ist der Höhepunkt des fünften Emotionsfeldes. Es spricht alles an, was die Menschen im Publikum berührt und bewegt und spielt mit dem vollen Repertoire der Sinnlichkeit.

Wozu? Sie kreieren ein einzigartiges Ereignis, das niemand so schnell vergessen wird.

Wie? Der Grundgedanke des „Festivals der Sinne“ ist, dass man die Zuhörer über ihre fünf Sinne versucht zu erreichen: Auditiv mit Musik, visuell mit Filmen und Bildern, olfaktorisch mit Düften und Gerüchen, gustatorisch mit Geschmack und Genuss sowie kinästhetisch mit Dingen zum Selberausprobieren. Nutzen Sie Ihre Kreativität und Ihren Einfallsreichtum, diese fünf Sinne anzusprechen. Gestalten Sie ein rundum ansprechendes Event mit passender Musik, ansprechenden Bildern, angemessenem Raum, Duft, vorzüglichem Essen und reichlich Interaktion und aktiver Teilnahme Ihres Publikums. Schalten Sie eventuell eine Event-Agentur ein.

Beispiele

- Spüren, anfassen: Proben, Produkte, Unterlagen mit angenehmer Haptik
- Handeln: eine Aufgabe lösen, etwas ausfüllen; singen, malen, modellieren; Zuhörer auf die Bühne kommen lassen
- Sich austauschen: zwei bis drei Sitznachbarn tauschen sich kurz über einen Aspekt Ihres Themas aus; kleine Gruppenübung
- Sich bewegen: Stationenpräsentation; Gruppenübungen in anderen Räumen; nach draußen gehen; Pausen mit der Möglichkeit, sich kennenzulernen

26. Highlight: Die Körpersprache des Schenkenden

Körpersprache	Werte und Emotionen: Sympathie und Verbundenheit
Mit beiden Füßen fest auf dem Boden, aber Gewicht auf Fußballen verlagern	Zuneigung (der Körper neigt sich so dem Publikum zu)
Sicher im Raum stehen	Ruhe, Ehrlichkeit, Offenheit
Ganz aufrecht stehen	Aufrichtigkeit
Ganz ruhig stehen	Ruhe, Souveränität
Kopf minimal nach oben gerichtet	Stärke; Ernsthaftigkeit im „Verteilen" und Schenken
Mimik: Echtes, warmes Lächeln	Wärme, Freundlichkeit
Völlig lockeres, natürliches Gesicht	Natürlichkeit, Freundlichkeit, Offenheit
Intensiver Blickkontakt mit jedem im Publikum bzw. mit allen Publikumssegmenten	Freude, Austausch; Gerechtigkeit (jeden anschauen, auch die Menschen an den Rändern des Publikums, auch Ihnen unsympathische oder kritische Gesichter)
Stimme: Moduliertes Stimm-Muster; warm; weiche Töne treffen	Zugänglich, gefühlvoll Empfindsam, mitfühlend
Gestik: Gebende Gestik (als ob Sie ein Geschenk an das Publikum verteilen); offene Gestik immer zum Publikum hin; Hand aufs Herz; zum Publikum führen; mit der Gestik das Publikum umarmen	Sympathisch, beliebt Ansprechend, liebenswert Verbundenheit, Nähe, Austausch
Position im Raum: Nähe zu den Teilnehmern suchen; Interaktion mit Teilnehmern; auch sitzen (=Augenhöhe); sich unter die Zuhörer mischen	Freundlichkeit, Ehrlichkeit; Authentizität
Kleidung: Je nach Rahmen passend, aber vor allem authentisch und freundlich	

6. Werte- und Emotionsfeld: Mitgefühl, Betroffenheit, Hoffnung

Werte und Emotionen, die zu diesem Feld gehören (aufsteigend nach Wahrnehmungsstärke)

Assoziation des Publikums zur Gegenposition:

Härte, Distanz, Arroganz
Unverständnis, Egoismus
unsozial, unmenschlich
Zersplitterung, Vereinsamung, Isolation
Disharmonie, Missverständnis, Konflikt
Einsamkeit, Ausgrenzung
Verlegenheit, Scham
Abwendung, Abscheu

Mitgefühl mit den Betroffenen; Ermutigung:

Betroffenheit, Mitleid, Trauer
Trost, Ermutigung, Hoffnung

Bild:

Trauriges Kind

Zitat:

Viele Menschen haben nicht die Kraft, anderen etwas zu geben.
Die bauen Kälte um sich und leiden schrecklich unter ihrer Isolation.
MAXI WANDER

Wann sind wir betroffen?

Betroffen fühlen wir uns immer dann, wenn jemand am Rand der Gesellschaft steht, wenn jemandem ein schlimmes Schicksal widerfährt. Wir leiden mit den Betroffenen mit, wir fühlen ihre Trauer und ihren Schmerz, manchmal so, dass es uns die Tränen in die Augen treibt. Die meisten von uns wünschen sich, in der Gemeinschaft sicher, geschätzt und geliebt aufgehoben zu sein. Sie wollen in der Mitte dieser Gemeinschaft stehen und nicht isoliert an ihrem Rand, im sozialen Abseits. Außenseiter zu sein, draußen zu stehen, bereitet den Betroffenen Schmerzen und erregt beim Publikum Mitleid. Mitleid ist der Motor für Veränderungen, die aber nicht, wie beim Zorn, in soziale Umwälzungen münden. Mitgefühl führt eher zu kleineren Gesten wie Spenden, Hilfsaktionen oder vermehrtem sozialen Engagement.

Die Aufgabe des Redners ist es,

1. den Ist-Zustand oder den Gegner als kalt, egoistisch, rücksichtslos und unmenschlich darzustellen. Wenn es um grobe Verstöße gegen die Menschlichkeit geht (zum Beispiel Gewalt gegen Schwächere), können auch Emotionen wie Scham und Abscheu erzeugt werden,
2. sich selbst als mitfühlend und verantwortungsbewusst darzustellen,
3. das Publikum durch Mitgefühl öffnen für politische oder gesellschaftliche Probleme und es zum Handeln zu bewegen,
4. das Thema berührend darzustellen, mit einem persönlichen Erlebnis oder zu Herzen gehenden Schicksal,
5. das Publikum aufzurichten und zu trösten, vor allem, wenn es um schmerzhafte Themen oder Niederlagen geht.

Menschen aufrütteln

Rütteln Sie Menschen mit berührenden Geschichten auf. Erzählen Sie Geschichten von großen Niederlagen, Tiefpunkten und Schicksalsschlägen. Verweilen Sie am Tiefpunkt. Erzählen Sie, wie entsetzlich es dort unten ist, wie schlecht es einem geht, wie mies man sich fühlt. Zeigen Sie aber auch Lösungswege aus der Krise auf. Ermutigen, ermuntern Sie die Menschen. Trösten Sie in dunklen Zeiten und verweisen Sie auf das Licht am Ende des Tunnels. Schauen Sie sich nochmals die Iowa-Rede von Barack Obama auf Seite 36 f. an.

Er spielt mit seiner „Hoffnung-ist"-Anapher genau diese Tasten der Betroffenheit und Ermutigung in dunklen Krisenzeiten.

Steve Jobs: anrührend statt rührselig

Lesen Sie sich hierzu auch die Rede von Steve Jobs (Anhang 3) bzw. auf der Internetseite www.highlight-rhetorik.de durch. Er beweist, dass so eine Rede nicht zwangsläufig rührselig-kitschig sein muss, sondern modern, anrührend und motivierend sein kann. Er erzählt drei Geschichten: die Geschichten seiner Adoption, seines Rausschmisses bei Apple, seiner Krebserkrankung und seiner Begegnung mit dem Tod. Alle drei Geschichten haben die Funktion, seine beiden Kernbotschaften „Do what you love" und „Stay hungry, stay foolish" zu transportieren.

Spenden Sie Trost und machen Sie Mut

Das Muster der Geschichten dieses Emotionsfeldes: Sie erzählen von Niederlagen und davon, wie man wieder aufsteht; sie spenden uns Trost und machen uns Mut; sie richten uns auf, wenn wir am Boden sind. Solche Geschichten sind zentraler Anteil einer jeden guten Predigt, und jeder begnadete Motivationsredner hat die passenden in seinem Repertoire. In ihren Reden erzählen sie meistens von ihren eigenen Niederlagen und wie sie wie der Phönix aus der Asche wieder aufgestanden sind – natürlich dank ihrer Motivationstechniken: mit klaren und konkreten Zielen, einem akzeptierten Schweinehund und durch die Versöhnung mit den inneren mutlosen Anteilen – und schon ist das Leben wunderbar.

Erzeugen Sie Betroffenheit und Mitgefühl

Wenn Sie eine politische Rede halten und Ihr Publikum zu einem menschlichen Verhalten bewegen wollen, dann sollten Sie unbedingt Betroffenheit und Mitgefühl erzeugen. Angenommen, Sie setzen sich für die Erhöhung der Sozialhilfe für Kinder ein. Dann erzählen Sie anhand einer persönlichen Geschichte oder anhand eines konkreten Beispiels, warum Sie dafür sind. Geben Sie den Personen ein Gesicht. Sprechen Sie nicht von Hartz-IV-Empfängern, sprechen Sie lieber von Ihrer kleinen Nachbarin Anna mit ihrer allein erziehenden Mutter. Erzählen Sie, wie ihr Tagesablauf aussieht, womit der Kühlschrank gefüllt oder besser nicht gefüllt ist. Leiten Sie dann vom konkreten Fall auf die Allgemeinheit ab. Sagen Sie, warum es unsere Menschenpflicht ist, hinzusehen und zu handeln. Sagen Sie dem Publikum ganz genau, was es tun soll, dass es Kindern wie Anna besser geht. Formulieren Sie klare Handlungsappelle und überfordern Sie Ihr Publikum nicht mit allgemeinen politischen Parolen. Sagen Sie Ihrem Publikum lieber, was es ganz konkret tun kann, um diesen Menschen moralisch, menschlich und finanziell zu helfen. Wenn Sie Spenden sammeln wollen, dann tun Sie es jetzt sofort.

Mit Ihren Bildern und Worten in den Schmerz hineinführen

Schildern Sie Unmenschlichkeit, unhaltbare Zustände oder verwerfliches Handeln immer am konkreten Beispiel. Nutzen Sie aufwühlende Fotos: „zerrupfte" Hühner als Folge der Massentierhaltung. Arbeiten Sie mit drastischen Formulierungen und Vergleichen: „Puten den Schnabel abzukappen ist so, als ob man bei uns Menschen die Fingerkuppen abschneiden würde." Führen Sie mit Ihren Bildern und Worten in den Schmerz hinein. Führen Sie dann aber auch wieder aus dem Schmerz hinaus, indem Sie aufzeigen, was der Einzelne im Publikum tun kann, damit diese Zustände sich bessern oder aufhören.

Schmerz anerkennen und Menschen mit Worten trösten

Die Trauerrede ist auch eine Form der Rhetorik dieses Emotionsfeldes. Den Tod anzunehmen, den Schmerz anzuerkennen und Menschen mit Worten zu trösten, gehört zu den schwersten und gleichzeitig bewegendsten Aufgaben der Rhetorik. Gute Trauerreden haben eine ganz wichtige Funktion. Ihre Aufgabe ist es, aus der ersten Phase der Trauer, dem Schock, in die zweite Phase der Trauer, zu den Trauergefühlen, zu führen. Eine gute Trauerrede bringt uns zum Weinen. Sie würdigt und ehrt den Toten und führt uns nach und nach durch alle Phasen der Trauer bis zum leisen Hoffnungsschimmer am dunklen Horizont. Eine gute Trauerrede berührt, bewegt, stärkt. Sie arbeitet mit tröstenden Metaphern, verdichteter lyrischer Sprache, rhythmischer Prosa, Pausen, Andeutungen. Aber sie erzählt auch Anekdoten, sie bringt uns zum Schmunzeln, sie lässt durch Geschichten den Verstorbenen noch einmal lebendig werden, sie würdigt seine Taten und hebt seine Verdienste hervor.

Mitgefühl als wirtschaftlicher Erfolgsgarant

Mitgefühl, Ermutigung, Menschlichkeit – wichtige rhetorische Tasten für jeden herausragenden Redner. Auch in der Wirtschaft sind diese Tasten wichtig. Ein Verkäufer, der die Probleme seiner Kunden nicht versteht, ist ein erfolgloser Verkäufer. Eine Führungskraft, die an den Bedürfnissen, Sorgen und Nöten der Mitarbeiter vorbeiredet, ist eine erfolglose Führungskraft. Und auch ein Unternehmen, das seine Kunden nur als Konsumenten und nicht als Menschen wahrnimmt, ist langfristig erfolglos. Menschen emotional zu verstehen, zu erkennen, was sie antreibt, was sie hoffen, was sie fürchten, ist ein wirtschaftlicher Erfolgsgarant.

Rhetorische Situationen, in denen dieses Emotionsfeld eine wichtige Rolle spielt:

- Gesellschaftliche/politische Rede (vor allem soziale Themen)
- Demontage der Gegenposition/des Gegners
- Anprangern von Missständen
- Trauerrede (Trost)
- Rede in schwierigen Zeiten (Hoffnung/Ermutigung)
- Motivationsrede (Hoffnung/Ermutigung)

27. Highlight: Schicksalsstory

Was?

Eine bewegende Geschichte, die ein Einzelschicksal emotionsgeladen darstellt.

Wozu?

Einzelschicksale bewegen, weil sie das absolut Menschliche darstellen. Einfühlsam erzählt, werden sie jeden Ihrer Zuhörer im Herzen treffen. Davor kann sich kaum jemand verschließen. Die Wirkung der Schicksalsstory ist oftmals so ergreifend, da sie stellvertretend für eine große Allgemeinheit steht, die in der Geschichte auf eine einzige Person oder wenige reduziert wird und somit für jeden verständlich und nachvollziehbar ist. Verbinden Sie die Geschichte mit Ihrer Kernbotschaft.

Wie?

Suchen Sie nach passenden Geschichten in Ihrem persönlichen Umfeld, aus Ihrer Lebenserfahrung, in den Medien. Formulieren Sie die Geschichte angemessen aus und unterstreichen Sie sie mit Ihrer Inszenierung. Stimme, Körpersprache und Gestik sollen perfekt auf die Geschichte abgestimmt sein, um glaubwürdig und authentisch zu wirken. Geben Sie den handelnden Personen ein Gesicht, einen Namen, ein Umfeld. Leiten Sie zum Schluss vom Einzelfall auf die Allgemeinheit ab: „Familien wie diesen muss geholfen werden!“ Sagen Sie Ihrem Publikum konkret, was es tun kann, um die Zustände zu verbessern: „Und deshalb bitte ich Sie um drei Dinge: Erstens: …“ Lesen Sie hierzu auch die Seite 197 „Narratio“.

Beispiele

- Steve Jobs’ Rede im Anhang
- Foto eines Kindes aus dem Krisengebiet
- Schicksal einer Familie, für die Ihr Verein Gelder sammelt

28. Highlight: Motivationsgeschichten

Was? Diese „Stärkungsgeschichten“ oder „Erzählungen der Hoffnung“ richten Ihre Teilnehmer auf. Statt den Zeigefinger zu erheben, erzählen Sie eine Geschichte, in der ein Problem Ihrer Zuhörer auf einer metaphorischen (stellvertretenden) Ebene gelöst wird. Sie betonen das „Licht am Ende des Tunnels“. Eine bekannte Sammlung solcher stärkenden Geschichten heißt bezeichnenderweise *Hühnersuppe für die Seele* (Canfield 1996). So wie die Hühnersuppe den Kranken bei der Genesung hilft, so soll Ihre Durchhaltegeschichte den Entmutigten helfen, wieder Mut zu fassen.

Wozu? Die Motivation, die an die Hoffnung auf bessere Zeiten und die Lösung der Probleme gebunden ist, ist eine der stärksten, die wir kennen. Nutzen Sie sie, um die Menschen für Ihre Idee zu begeistern und ihnen so die Motivation für große Taten geben.

Wie und Beispiele Suchen Sie in einer Sammlung von Motivationsgeschichten eine ermutigende Geschichte. Die Geschichte sollte auf einer anderen (zum Beispiel märchenhaften) Ebene das Problem Ihrer Teilnehmer lösen.

Nutzen Sie diese Struktur, um eine optimale Wirkung zu erzielen:

1. Skizzieren Sie kurz das Problem Ihrer Teilnehmer in „Wir“-Form: „Manchmal fällt es uns sehr schwer …“
2. Erzählen Sie Ihren Teilnehmern die Geschichten mit passendem Körperbild und Stimmtheatralik: Pausen, Stimmmodulation, Stille, tiefe Blicke. Verallgemeinern Sie nun die Moral.
3. Leiten Sie nun zu dem konkreten Problem Ihrer Teilnehmer über: „Und für uns bedeutet das … (Hoffnung/Motivation/Durchhalten …)“ und schließen Sie mit einem liebevollen Appell.

29. Highlight: Tröstende Metaphern

Was?

Metaphern, die nicht nur berühren und bewegen, sondern deren innere Struktur Hoffnung ist. Ein bekanntes Beispiel ist der Schmetterling, der für Wandlung und Wiedergeburt steht.

Wozu?

Nichts tröstet mehr als treffende Bilder. Sie aktivieren das kollektive Gedächtnis und schaffen Gemeinschaft in der Trauer und im Trost. Nutzen Sie dieses mächtige Mittel, um Ihr Publikum in den passenden Momenten aufzufangen und ihm Sicherheit, Vertrauen und Geborgenheit zu geben.

Wie? Beispiele für tröstende Metaphernfelder

Suchen Sie nun im Internet oder in Metaphernsammlungen nach den passenden und angemessenen Worten. Hier einige tröstende Metaphernfelder, deren Struktur immer lautet: Es gibt keinen endgültigen Tiefpunkt, der Tiefpunkt ist nur ein Punkt auf einer wellenförmigen Kurve oder im Kreislauf des Lebens:

- Reise, Bahnhof: winken, aus dem Blickfeld verschwinden, ankommen, neu beginnen, sich wiedersehen
- Weizenkorn: säen, reifen, ernten – Kreislauf des Lebens finden
- Wasser, Fluss, Strudel: fließen, herabziehen, reinigen, wandeln
- Waage: ausgleichen, gerecht, ausschlagen, aufwiegen
- Nacktheit: schutzlos, verwundbar, ursprünglich, wahr, Sein
- Schiff, Yacht: segeln, aus meinem Blickfeld verschwinden, an anderer Stelle wieder da sein
- Blumen, Blüten, Knospen, Rosen: blühen, welken, duften
- Stufen, Treppen: heraufsteigen, hinabsteigen, stolpern
- Brücken: einreißen, überqueren, bauen, verbinden
- Puzzle: ein Teil ist verloren, alles neu ordnen, nie wirklich passen

30. Highlight: Die Körpersprache des Betroffenen

Körpersprache	Werte und Emotionen: Mitleid und Betroffenheit
Ausgangsposition:	
Eiche (vgl. S. 125)	Vertrauen, Sicherheit, Beruhigung
Übergang zum Betroffenen:	
Spannung aus dem Körper nehmen	Ergriffenheit, gerührt sein
Körperhaltung etwas gebeugter und bedrückter	Sympathisch, einfühlsam, sensibel
Kopf leicht schief legen, leicht nicken oder den Kopf schütteln	Wärme, Freundlichkeit, Nachdenklichkeit
Mimik:	
Dezent die Stirn in Falten legen	Besorgnis
Weicher Gesichtsausdruck; nicht zu fröhlich, aber auch nicht zu sehr niedergedrückt	Ernsthaftigkeit, Verantwortungsgefühl, Verständnis, Einfühlungsvermögen
Stimme:	
Langsamer sprechen	Bedächtig, bedenklich; behutsam
Nachdenkliche und lange Pausen machen	Bedeutungsschwere, „betroffen sein"
Warme Töne, wenig moduliert	Mitleid, Anteilnahme
Gestik:	
Eine Hand ans Kinn führen, den Kiefer nachdenklich reiben	Sich Sorgen machen
Etwas raumgreifende Gesten	Klarmachen der Situation
Position im Raum:	
Nähe zum Publikum suchen, aber dennoch Distanz wahren	Feingefühl; Mitgefühl; Besorgnis
Auf Redebeiträge der Teilnehmer erst nach langer Denkpause eingehen	Nachdenklichkeit, Ernsthaftigkeit

7. Werte- und Emotionsfeld: Verblüffung, Spannung, Faszination

Werte und Emotionen, die zu diesem Feld gehören (aufsteigend nach Wahrnehmungsstärke)

neu, innovativ, mutig
Chancen, Vielfalt, Möglichkeit
Vision, Konzept, Strategie
entdecken, Fortschritt
anders als die anderen
einzigartig, originell, extravagant
kreativ, künstlerisch
Design, Trends, Avantgarde
artistisch, magisch, fantastisch
verzaubert, fasziniert
inspirierend, anregend, aufregend
impulsiv, spontan, risikobereit
prickelnd, kribbelig, aufgekratzt
gespannt, gebannt, gefesselt
verblüfft, überrascht

Bild:
fesselndes Abenteuer

Zitat:
Wer immer nur funktioniert,
entzieht sich dem Abenteuer des Lebens.
ARMIN MUELLER-STAHL

Wann sind wir verblüfft?

Verblüfft sind wir immer dann, wenn wir etwas Neues erleben oder wenn etwas ganz anders kommt, als wir es erwarten. Gefesselt sind wir dann, wenn etwas spannend ist. Dann hängen wir gebannt an den Lippen des Redners und warten auf die Auflösung des Geheimnisses. Faszinierend finden wir den Redner, der anders ist als alle anderen. Wir bewundern seine Kreativität, wir lassen uns inspirieren von seinen ungewöhnlichen Ideen, und wir staunen über seine originelle Sprache: „So was habe ich noch nie gehört und gesehen!" ist dann die Reaktion des beeindruckten Publikums. Innovative und ungewöhnliche Wege geht so ein Redner nicht nur im Denken, sondern auch mit seinem Vortrag. Ganz besonders fasziniert sind wir, wenn er sowohl inhaltlich mit fortschrittlichen Aspekten punktet als auch formal außergewöhnlich präsentiert und in seiner Art einzigartig ist. Anders als die anderen zu sein ist noch kein Erfolgsgeheimnis – aber herausragend anders zu sein fasziniert und begeistert das Publikum.

Ihre Aufgabe als Redner ist es,

- anders zu sein als Ihre Vorredner oder als „gewöhnliche" Redner,
- innovative Themen, originelle Aspekte, kreative Methoden zu präsentieren,
- mit Regeln zu brechen (Regeln Ihrer Branche, Regeln des Publikums, Regeln des konventionellen Vortags),
- individuelle Worte, Formulierungen, Metaphern zu finden,
- einzigartige Ideen beim Verpacken Ihrer Inhalte zu entwickeln; Kernbotschaften kreativ zu inszenieren.

Menschen mit Entdecker-instruktion

Auch Menschen mit einer hohen limbischen Entdeckerinstruktion finden wir in allen Gesellschaftsschichten. Ihrem limbischen Programm ist der Fortschritt zu verdanken. Wir finden sie in Berufen, in denen sie dieses Programm ausleben können. Kreative, visionäre, strategische, forschende, risikoreiche, abwechslungsreiche, trendbestimmende, abenteuerliche, freie Berufe ziehen sie magnetisch an. Was sie nicht mögen? Routine, Alltag, Einerlei, Zwang, Druck, Regeln, Konventionen, Langeweile, Monotonie. Mit 08/15-Vorträgen lässt sich dieses Publikum nicht ködern. Fasziniert ist es nur dann, wenn es mindestens ein Aha-Erlebnis durch Ihren Vortrag hat, begeistert ist es, wenn es durch Dopamin-Kaskaden ganz aufgekratzt, mit einem Feuerwerk neuer Ideen, nach Hause geht.

Querdenken erlaubt

Es ist die Emotionstaste, die wir am wenigsten lernen können. Kreativität und Inspiration lassen sich nun mal nicht in ein Schema pressen, und sie lassen sich nicht erzwingen. Man kann jedoch Bedingungen schaffen, in denen sie sich entfalten. Gehen Sie spazieren, nehmen Sie eine Auszeit, brechen Sie aus der Alltagsroutine einfach mal aus. Verlagern Sie den Fokus Ihrer Empfindung vom Druck auf Leichtigkeit, von Enge auf Weite, vom Glauben an eine Wahrheit auf das Spiel der unendlichen Möglichkeiten. Denken Sie quer. Fragen Sie sich: Was, wenn alles ganz anders wäre? Hinterfragen Sie Konventionen. Muss man Steuern zahlen? Muss man teamfähig sein? Muss man bei Facebook und Twitter sein? Vor eher konservativen Bildungsbürgern können Sie natürlich fragen: Müssen wir Facebook und Twitter wirklich ablehnen?

Genussvolles Brechen von Regeln

Das genussvolle Brechen von Regeln übt einen starken Reiz auf dieses Publikum aus. Deshalb liebt es auch alle rhetorischen Stilmittel, die neu, anders und überraschend sind. Fasziniert ist es von neuen Begriffen, von witzigen Wortspielen, von überraschenden Satzkonstruktionen, von originellen Metaphern, von schrägen Bildern. Auch bei der Inszenierung und Dramaturgie Ihres Vortrags bevorzugt es den Bruch mit dem Bestehenden. Wenn alle mit PowerPoint präsentieren, findet es Sie ganz besonders anregend, wenn Sie mit dem Flipchart präsentieren. Doch wehe, alle präsentieren nun mit dem Flipchart. Dann kehren Sie doch wieder zu PowerPoint zurück. Oder Sie suchen neue, andere, innovative Möglichkeiten der Visualisierung. Im Grunde geht es der Entdecker-Instruktion nicht um Inhalte (beispielsweise PowerPoint oder Flipchart). Es geht ihr darum, aufzufallen, Regeln infrage zu stellen, zu provozieren, neue Wege zu suchen. So treibt sie den Fortschritt in unserer Gesellschaft voran, und genau das ist ihre evolutionäre Aufgabe.

Verblüffen Sie mit der Wahl des Vortagsortes

Eine sehr gute Möglichkeit, Ihr Publikum zu verblüffen, ist die Wahl des Vortagsortes. Laden Sie Ihr Publikum beispielsweise in die Schweiz ein, lassen Sie es 3.500 Meter hoch ins Gebirge fahren, lassen Sie es dann einen Kilometer durch einen dunklen Tunnel wandern. Dort, im Innersten des Bergmassivs, befindet sich ein ehemaliger Bunker aus dem Krieg, der zu einem schicken Seminar-Hotel ausgebaut wurde. Es liegt tief im Bergmassiv, es gibt kein Tageslicht, die Zimmer haben kein persönliches Badezimmer. Ihr kreatives, originelles und innovatives Publikum wird trotzdem oder gerade deshalb hingerissen sein. Glauben Sie mir, ich habe es selbst erlebt.

Einzigartigkeit herausstellen

Stellen Sie Ihr Alleinstellungsmerkmal heraus. Sagen und zeigen Sie Ihrem Publikum, wo Sie einzigartig sind, richten Sie die Aufmerksamkeit auf neue Features und innovative Aspekte. Nehmen Sie futuristische Prototypen mit, die Sie natürlich erst verstecken oder verhüllt auf der Bühne präsentieren, bevor Sie sie mit großer Geste einem staunenden Publikum enthüllen. Arbeiten Sie mit Zukunftszenarien. Nehmen Sie ihr Publikum mit in die Welt der „Was wäre wenn …“, „Angenommen, Sie sind …“, „Stellen Sie sich einmal vor …“. Ihr Publikum liebt es, sich in Gedanken in neue Welten zu begeben, in andere Rollen zu schlüpfen oder die Dinge aus einer ganz anderen Perspektive zu erleben. Präsentieren Sie multiperspektivisch. Sprechen Sie das Thema aus der Sicht unterschiedlicher Personen oder Interessengruppen an. Nutzen Sie Superlative, um das Besondere Ihres Themas, Ihres Produkts oder Ihrer Ideen herauszustellen. Präsentieren Sie Ihre außergewöhnlichsten Projekte. Zeigen Sie Fotos Ihrer originellsten Erfindungen, Kunden, Produkte.

Mit verblüffenden Extras überraschen

Legen Sie großen Wert auf Aussehen und Design. Wie sieht Ihre Kleidung aus? Wie sehen Ihre Folien aus? Wie das Bühnenbild? Überraschen Sie Ihr Publikum immer wieder mit unerwarteten Passagen, mit magischen Demonstrationen und verblüffenden Extras. In der Wirtschaft werden Event-Agenturen mit dieser Aufgabe betraut. Falls Sie selbst für die Dramaturgie Ihres Vortrags zuständig sind: Sprechen Sie sich im Vorfeld mit Ihrem Veranstalter ab. Achten Sie auf ein inspirierendes Ambiente. Überlassen Sie die Medien, die Bestuhlung, das Catering nicht dem Zufall. Auch mit wenig Mitteln lässt sich ein trister Hotel-Seminarraum aufpeppen. Nehmen Sie außergewöhnliche und witzige Blumen mit; verteilen

Sie rätselhafte Gegenstände, hängen Sie ästhetisch ansprechende Plakate auf.

Geheimnisvoll und spannend präsentieren

Präsentieren Sie geheimnisvoll und spannend. Verraten Sie nicht gleich am Anfang ihre Lösung. Bauen Sie mit Ihrer Einleitung eine Spannung zum Schluss hin auf. Stellen Sie Fragen, die Sie nicht gleich beantworten, zeigen Sie Bilder, die Sie nicht sofort kommentieren. Zeigen sie schrittweise animierte Folien, zeichnen Sie live am Flipchart, pinnen Sie Bilder an Moderationswände. Sie müssen kein Künstler sein. Es ist viel spannender für Ihr Publikum, live die Entstehung eines Schaubildes zu erleben, als „Klick" eine fertige, sich selbst erklärende PowerPoint-Folie zu entziffern. Das ist nicht nur mühsam, das ist vor allem langweilig. Seien Sie also mutig, riskieren Sie etwas, nehmen Sie sich Freiheiten heraus und vor allen Dingen langweilen Sie Ihr Publikum niemals.

Rhetorische Situationen, in denen dieses Emotionsfeld eine wichtige Rolle spielt:

- Marketing: Produkteinführungen, Events
- Vertrieb: Incentives, Kundenevents
- Trainings, Workshops
- Präsentationen vor Kreativen
- Als Teil von Wettbewerbspräsentationen (um herauszuragen)
- Als Teil von Verkaufspräsentationen
- Als Teil von Motivationsreden
- Als Teil jedes wirkungsvollen Vortrags

31. Highlight: Stellen Sie sich einmal vor, dass …

Was? Das Publikum wird in eine andere Rolle/Welt geführt, um das Thema am eigenen Leib zu spüren und die Fantasie spielen lassen.

Wozu? Sie gestalten Ihre Rede bewegender, abwechslungsreicher und spannender. Ihre Präsentation wirkt dann schnell lebendig und unterhaltsam. Insgesamt erhöhen Sie so Ihre Überzeugungskraft, da die Teilnehmer das Thema besser nachvollziehen.

Wie? Stellen Sie sich die Frage: „An welcher Stelle wäre es hilfreich, wenn das Publikum das Thema aus einer ganz anderen Perspektive sieht?" bzw. „An welcher Stelle wäre es hilfreich, das Publikum in eine andere Welt zu entführen (zum Beispiel Vision nach erfolgreicher Einführung Ihrer Lösung/Ihres Vorschlags)?" Starten sie nun mit einem Satz wie: „Angenommen …"; „Stellen wir uns einmal vor …"; „Stellen Sie sich vor, Sie sind …" und entführen Sie dann Ihre Teilnehmer in die Rolle bzw. in eine andere Welt. Auch wenn das Ereignis in der Zukunft spielt: Sprechen Sie in der Gegenwart. Stellen Sie den Teilnehmern die Szene vor Augen und beschreiben Sie Details sehr anschaulich und ausführlich.

Beispiele

- „Stellen Sie sich einen Menschen vor …"
- „Stellen Sie sich vor, Sie sind der Marketingleiter von Maggi und müssten eine neue Suppe vermarkten. Sie könnten nun … oder Sie könnten …"
- „Angenommen, Sie denken jetzt „Das ist aber kompliziert", dann …"
- „Angenommen, wir machen das. Dann werden Sie erleben, wie herrlich …"
- „Angenommen, Sie sind 90 Jahre alt und könnten nicht mehr alleine zurechtkommen. Sie haben nun die Wahl …"

32. Highlight: Der mysteriöse Gegenstand

Was? Sprechen Sie über Ihr Thema, aber verraten Sie es nicht. Präsentieren Sie erst Ihre Lösung als Geheimtipp.

Wozu? Sie bauen Spannung auf, und die Teilnehmer hängen gespannt an Ihren Lippen. Sie gestalten Ihre Rede interessant und bedeutungsvoll.

Wie? Gehen Sie von Ihrer Kernbotschaft aus und fragen Sie sich, was das wirklich wichtige Ihres Vortrags sein soll. Was ist wirklich einzigartig oder was müsste das Publikum mitnehmen, wenn Sie nur eine einzige Minute Zeit für Ihr Anliegen hätten? Formulieren Sie nun die Antworten in rätselhaften Fragen/Aussagen um (das Thema, die Sache, es, unser Gast, die Methode, unsere Lösung, der Weg, die Person etc.). Kündigen Sie die Auflösung zum Schluss wirkungsvoll an. Verweisen Sie, wenn möglich, auf später oder auf den Schluss. Das steigert die Spannung.

Beispiel

- „Heute geht es um ein Thema, das vor allem Sie als Automobilzulieferer angeht. Ein Thema, das die Welt in letzter Zeit zunehmend beschäftigt hat und das sie in Zukunft immer mehr beschäftigen wird. Ein Thema, von dem in Zukunft unser Überleben in der Automobilbranche abhängt. (….) Sehr geehrte Damen und Herren, heute Abend geht es darum, wie …"
- Das rätselhafte Thema kann auch ein verhüllter Gegenstand sein – das erzeugt Spannung. Er wird erst am Schluss der Präsentation wirkungsvoll aufgedeckt. Zum Beispiel ein Prototyp Ihrer Lösung, der während der Präsentation unter einem Tuch verhüllt ist.
- „Und zum Schluss werde ich Ihnen das Geheimnis erfolgreicher Rhetorik verraten."

33. Highlight: Spannend wie einen Krimi präsentieren

Was? Verraten Sie Ihre Lösung nicht sofort. Bauen Sie schon in der Einleitung Spannung in Richtung Lösung auf. Zelebrieren Sie auch Ihre Charts mithilfe der Animation spannend oder zeichnen Sie Diagramme am Flipchart, deren Sinn/Ergebnis Sie erst nach und nach verraten.

Wozu? Ihre Zuhörer werden gebannt an Ihren Lippen hängen. Jeder möchte erfahren, wie Sie vorgegangen sind oder wie Ihre Methode funktioniert.

Wie? Verkünden Sie schon in der Einleitung, dass Ihre Zuhörer zum Schluss der Rede etwas sehr Wichtiges oder Sensationelles erfahren werden. Produzieren Sie keine selbsterklärenden Charts, sodass Sie diese immer mit Spannung präsentieren können.

Beispiele

- Erhöhen Sie die Spannung, indem Sie zuerst die Hölle Ihrer Teilnehmer und dann ihren Himmel ausführlich schildern. Verraten Sie erst dann das Geheimnis, wie man aus der Hölle in den Himmel gelangt.
- Moderieren Sie die Lösung geheimnisvoll an: „Und nun verrate ich Ihnen ...Wir haben lange getüftelt .... Am Anfang wollte es uns nicht gelingen... Aber dann machte mein Mitarbeiter eine sensationelle Entdeckung... Ich bin heute hier, um Ihnen davon zu erzählen... Es geht um..." (lange Pause): ... Geheimnis lösen.
- Humorvoll: Rätselhafte Ankündigungen, Geheimnisse – sie müssen nicht mit Ihrem Thema in Verbindung stehen: „Zum Schluss verrate ich Ihnen das Geheimnis leidenschaftlicher und langlebiger Ehen!" (Augenzwinkern)

34. Highlight: Science-Storys – verblüffende Studien und sensationelle Entdeckungen

Was?

Sie präsentieren Ihrem Publikum eine Studie mit einem verblüffenden, unerwarteten Ausgang oder eine einzigartige, sensationelle Entdeckung.

Wozu?

Eine Studie lässt Sie professionell und gebildet, eine verblüffende Studie kreativ und innovativ aussehen. Sie beweisen Ihre These und unterhalten Ihr Publikum mit faszinierenden und geheimnisvollen Einblicken in die Labore der Wissenschaft.

Wie?

Suchen Sie ausgehend von Ihrer Kernbotschaft nach solchen passenden Studien und Entdeckungen, und erzählen Sie eine spannende Geschichte.

Beispiele

Vor allem die moderne Gehirnforschung liefert faszinierende Science-Storys. Die bunten Bildchen von leuchtenden Gehirnen aus dem Magnetthomografen beeindrucken das heutige Publikum.

So präsentieren Sie eine Studie wirkungsvoll:

1. Publikum abholen: „Kennen Sie das auch? Steht Ihre Frau auch immer …"
2. Spannung erzeugen: „Wussten Sie schon, dass …? Amerikanische Wissenschaftler der Stanford-University haben in einem verblüffenden Experiment festgestellt, dass …"
3. Präsentieren Sie die Studie: Erzählen Sie lebendig, spannend und lebhaft den Studienaufbau, wie die Forscher vorgegangen sind, was das Verblüffende daran war.
4. Kommentieren Sie dann die Ergebnisse: „Wissen Sie, was das bedeutet? Frauen können gar nicht …"
5. Schließen Sie die Geschichte (humorvoll) mit einer Ringstruktur, indem Sie nochmals auf den Anfang zurückkommen.

35. Highlight: Quer, anders, unvergleichlich

Was? Quer, anders und unvergleichlich ist das eigentliche „Profil“ des siebten Emotionsfeldes. Diese drei Worte drücken aus, wie dem Publikum Ihr Vortrag in Erinnerung bleiben sollte. Sie beziehen sich also nicht auf ein Detail Ihres Vortrags, sondern vielmehr auf die „Gesamtperformance“.

Wozu? Verblüffung, Überraschung und Inspiration machen jeden Vortrag einzigartig auf seinem Gebiet. Wenn es um zukunfts- und richtungsweisende Projekte, Ideen und Produkte geht, sollten Sie immer versuchen, diese Highlightkarte auszuspielen. Bringen Sie durch Einzigartigkeit, Originalität und Kreativität das Publikum auf Gedanken, auf die es vorher nie so gekommen wäre.

Wie? Gestalten Sie Ihre gesamte Präsentation „anders“, angefangen beim Zeitablauf, bei der Dekoration, bei der Präsentation der Rede, beim Publikum! Es gibt kein allgemeines Schema-F für diese Karte, und gerade dies wird einigen Menschen Probleme bereiten. Da diese Highlightkarte eine sehr dynamische ist, können Sie sie auf jedes Ereignis neu „ummünzen“. Hinterfragen Sie kritisch eingefahrene Muster, überlegen Sie sich den wirklich wichtigen Grund Ihrer Veranstaltung, und faszinieren Sie Ihr Publikum durch stilechte Extravaganz – von dezentem Ambiente bis genialer Show! Beispiele sind Ihrer Kreativität und Ihrem Einfallsreichtum überlassen – oder Ihrem kreativen Rhetorik-Coach. „Wer nichts wagt, wird auch nichts gewinnen“, heißt es im Volksmund. Wagen Sie es, anders zu sein als die Rednermasse, und Sie werden sehen, wie dankbar Ihnen Ihr Publikum sein wird. Trauen Sie sich und beanspruchen Sie geistige Glanzleistung für sich!

36. Highlight: Die Körpersprache des visionären Entertainers

Die Körpersprache des visionären Entertainers	Werte und Emotionen: Hoffnung, Begeisterung, Erhabenheit
Ausgangsposition: Der Schenkende (vgl. S. 145)	Intensität, Nachdruck
Übergang zum Entertainer: Federnder Stand (beim Sprechen leicht in die Knie gehen und wieder hochschnellen)	Begeisterung, Dynamik; Interaktion; leidenschaftlich,
Bewegung auf der Bühne möglich (große, raumgreifende Schritte)	Bewegend, motivierend, antreibend
Mimik: Lebhafte, ausdrucksstarke Mimik	Lebendig, Faszination, fesselnd
Blick: leuchtend, nach oben gerichtet	Erhaben, „nach vorne gerichtet“, zukunftsweisend, mystisch
Stimme: Leidenschaftlich, voller Energie	Enthusiasmus, Begeisterung
Gestik: Nach oben weisend	Erhaben (Verweis ins Metaphysische)
Große Gesten, eher oben	Größe, Großzügigkeit, Ganzheitlichkeit
Mit ganzer Handfläche	Mitreißend, Begeisterung, Dynamik
Schwungvolle Bewegungen, nach vorne gerichtet	Motivation, Aufforderung
Gestik direkt auf Teilnehmer richten	
Position im Raum: Zentral, aber Variationen und Bewegung möglich	Bündelung der Energie, charismatisch

Profitipp

Die Körpersprache des visionären Entertainers eignet sich am besten für Themen, bei denen Sie mit Ihrem einzigartigen, zukunftsträchtigen und Erfolg versprechenden Charakter punkten möchten. Sie werden Ihre Zuhörer mitreißen und begeistern, also warum zögern Sie noch?

8. Werte- und Emotionsfeld: Ironie, Zynismus, Provokation

Werte und Emotionen, die zu diesem Feld gehören (aufsteigend nach Wahrnehmungsstärke)

Assoziation des Publikums zur Gegenposition:
veraltet, monoton, verstaubt
einschläfernd, langweilig
Das Bestehende und Bewährte infrage stellen
Grenzen übertreten, Grenzen verletzen
hinterfragen, neu definieren, umdefinieren
Reizworte, Übertreibungen, Vieldeutigkeit
verwirren, sticheln, provozieren
lächerlich, lachhaft
Bissigkeit, Spott, Hohn
Zynismus, Sarkasmus
rebellisch, revolutionär, anarchisch
Entlarvung, Erschütterung, Schock

Bild:
Politisches Kabarett

Zitat:
Nicht durch Zorn, sondern durch Lachen tötet man.
FRIEDRICH NIETZSCHE

Zynisch sind wir immer dann, wenn wir Missstände erleben – und diese Situation nicht durch Zorn oder Betroffenheit, sondern durch Ironie und Spott ändern wollen. Zynische Redner tragen trotz Desillusionierung noch einen Hauch von Hoffnung in sich und gehören so zu dem selteneren optimistischen Typ des Zynikers (oder Kyniker, wie Peter Sloterdijk ihn 1983 in Abgrenzung zum völlig desillusionierten und asozialen Typus in seiner *Kritik der zynischen Vernunft* nennt). Trotz Ernüchterung möchte der zynische Redner ja mit seiner Rede etwas bewegen und somit die Zustände zum Besseren verändern. Er greift an, indem er entlarvt. Mit einer schonungslosen Rede reißt er ein verschleierndes Tuch herunter, und wir sehen die Dinge in ihrer ganzen Nacktheit, Lächerlichkeit, Kleinlichkeit, Gemeinheit und Verlogenheit. Diese Entlarvung darf jedoch nicht das Ziel der Rede sein. Das Ziel ist immer, mittels Entlarvung, über den Schock, über die Provokation das Publikum zum Nachdenken anzuregen, sein Denken zu verändern und es zu neuen, besseren Wegen zu geleiten. Deshalb sind Ironie, Sarkasmus, Paradoxien, Übertreibungen, Logikbrüche, verblüffende Definitionen, beißender Humor, Anspielungen, Doppeldeutigkeiten und schneidender Wortwitz altbewährte Bestandteile jeder brillanten Rhetorik.

Wann werden wir zynisch?

Die Aufgabe des Redners ist es,

- scheinbare Gewissheiten zu hinterfragen; bewährte Glaubenssätze infrage zu stellen,
- die Gegenposition durch Bissigkeit, Ironie, schwarzen Humor anzugreifen und zu entlarven („Die Wahrheit über…"),
- den Zuschauer zum Querdenken anregen durch Paradoxien, Verfremdungen, Logikbrüche etc.

Heikle Themen ansprechen

Der provokante Redner kann es sich erlauben, unter dem Deckmantel der ironischen Heiterkeit heikle Themen anzusprechen und „Wahrheiten" zu hinterfragen. In der heutigen Zeit ist es fast nur so möglich, jenseits der „Political Correctness" oder des „Corporate Wording and Behaviour" zu gelangen. Gerade dieses Spiel mit der Grenze, mit betonierten Normen und zementierten Glaubenssätzen macht die zynische Rede so prickelnd.

Humor als Motivationsmittel

Das „Auf-die-Schippe-Nehmen" von euphemistischen Business-Floskeln, betroffenem Zeitgeist oder verlogener Gutmenschen-Politik amüsiert das Publikum köstlich, auch wenn ihm das Lachen hin und wieder im Halse stecken bleibt. Der Humor wird hier als Motivationsmittel eingesetzt – anders als im Emotionsfeld 5 „Sympathie, Verbundenheit", wo er in der harmlosen Gestalt der Erheiterung daherkommt. Hier ist er bissig wie ein scharfer Hund und verjagt uns fluchtartig von unseren verstaubten Gewissheiten und verfestigten Positionen.

Ironisch und bissig-witzig

„Eine Glosse hat mehr Sprengkraft als ein Kommentar" – diese Journalistenweisheit ist auch das Motto des zynischen Redners. Eine gezielte Provokation hier, ein stichelnder Seitenhieb da, ein lächerliches Wort dort haben oft mehr Kraft als Zorn, Angst oder Betroffenheit. Zwar haben alle diese dunklen Emotionsfelder das Ziel, die gegenwärtigen Umstände zu hinterfragen und für bessere zu kämpfen, doch jede Emotion tut es auf ihre Art, die eine ernst, die andere traurig, und der Zynismus ironisch und bissig-witzig.

Zum Nachdenken anregen

Das Ziel der ironischen und bissigen Redner ist es, den Zuhörer über Verfremdung, Provokation, Schock zum Nachdenken anzuregen. Die plastische und oft drastische Darstellung ist pädagogisch äußerst wirkungsvoll, denn unser Gehirn kann sich Absonderliches und Außergewöhnliches viel besser merken. Packen Sie deshalb Ihre Hauptthesen in witzige Wortspiele, erfinden Sie für Ihre Schlüsselworte neue Bezeichnungen. Verfremden Sie gängige Slogans, Glaubenssätze und Redensarten. Die folgenden Beispiele stammen aus dem sehr lesenswertem Buch *Die Kunst der Demotivation* des österreichischen Autors, Rechtanwalts und Personalchefs Wolfgang Kollenz, der die Kunst der Ironie und des Wortspiels perfekt beherrscht. Machen Sie es wie er und verfremden das Sprichwort: „Ohne Fleiß kein Preis" zu „Trotz Fleiß kein Preis", wenn sie die Missstände in der Entlohnung der Mitarbeiter anprangern. Statt „Rock around the clock" sagen Sie plakativ „Zock around the clock", wenn Sie sich über die Abzocke bestimmer Gruppen aufregen. Nutzen Sie das Oxymoron und verbinden Sie zwei Wörter, die eigentlich nicht zusammenpassen: „elegante Ausgrenzung". Reimen Sie: „Einmal gemobbt – nie mehr gestoppt" oder „Auch Versprechen kann man brechen!" oder „Killen mit Killerphrasen!". Übertreiben Sie maßlos: „Outsourcing als innere Massenhinrichtung" oder „Ignorieren statt Informieren", wenn Sie Wolfgang Kollenz zeigen wollen, wie man geschickt eine ganz große Menge von Menschen demotivieren kann.

Etwas sagen und das Gegenteil meinen

Das Hauptstilmittel der zynischen Rede ist die Ironie. Die Ironie sagt etwas und meint aber das Gegenteil. Die Ironie kann ganz nett sein, sie kann aber auch bitterböse werden. Angenommen, ein Redner möchte einen Zustand verbessern. Schauen wir ihm bei seinem Auftritt über die Schulter. Er gibt paradoxe Ratschläge wie: „Die Kunst des Endlosredens. Wie wir es schaffen, noch später nach Hause zu kommen, und unsere Kinder bald fragen: ‚Mami, wer ist der Mann?'" Er stellt eine ironische Hitparade auf: „Die 5 besten Tipps, wie wir nie zu einem Ergebnis kommen und uns dabei zu Tode langweilen." Er könnte auch eine paradoxe Gruppenarbeit hierzu mit seinem Team machen oder besser noch ein paradoxes Brainstorming: „Wie schaffen wir es, dass nie wieder eine Innovation unsere Abteilung verlässt?" Das ist sehr lustig. Er wird maßlos übertreiben, maßlos untertreiben, er erzählt eine ironische Geschichte, er stellt ironische Berechnungen auf. Er könnte paradoxen Nutzen ableiten, Logikketten ins Absurde führen. So ein Redner würde all diese Stilmittel augenzwinkernd nutzen. Er hätte damit auch viel Erfolg. Er darf nur nicht hier stehen bleiben, sondern sollte, wie immer, wenn er die dunklen Tasten spielt, danach kühn auf die hellen Tasten wechseln: „So kann es nicht weitergehen. Was können wir tun, dass bei uns die Kreativität wieder sprudelt?" Und dann präsentiert er seine Lösung überzeugend und positiv motivierend.

Parodie und Persiflage

Ein weiteres Stilmittel der zynischen Rede ist die Parodie, das Nachmachen von bestimmten Stilen. Bekannt ist die Parodie der Bundestagsreden von Loriot, hier eine kleine Kostprobe: „Meine Damen und Herren! Politik bedeutet, und davon sollte man ausgehen, das ist doch, ohne darum herumzureden, in Anbetracht der Situation, in der wir uns befinden. Ich kann meinen politischen Standpunkt in wenigen Worten zusammenfassen: Erstens das Selbstverständnis unter der Voraussetzung, zweitens, und das ist es, was wir unseren Wählern schuldig sind, drittens die konzentrierte Beinhaltung als Kernstück eines zukunftsweisenden Parteiprogramms. <Applaus> …" (Loriot 1988) Je typischer, je festgefahrener und je jargonhafter ein Stil ist, umso leichter ist er zu parodieren. Im Internet kursieren sehr witzige Worthülsengeneratoren (beispielsweise www.achimowitz.com), die die „upgegradete, benchmarkfähige und prozessorische" Business-Sprache von heute persiflieren.

Gezielte Provokation

Prominente wissen es: Eine gezielte Provokation, eine kleine Sensation – und sie sind wieder in aller Munde. Wenn Sie vor einer müden Gruppe sprechen, wenn Lethargie sich breitmacht, wenn eingefahrene Wege bequem geworden sind – dann ist Provokation gerade richtig. Sie sichert Ihnen von Anfang an höchste Aufmerksamkeit, auch auf emotionaler Ebene. Natürlich sollen Sie nicht wirklich Ihr Publikum gegen sich aufbringen. Sie dürfen es jedoch wachrütteln. Diese Methode eignet sich deshalb auch für Krisen: „Was müssen wir noch alles tun, um den Umsatz zu senken? Was müssen wir noch tun, um weitere Kunden zu vergraulen? Und was müssen wir noch tun, um unser Image gänzlich zu ruinieren? (lange Pause) Wir sind im roten Bereich; wie wir wieder in den grünen Bereich kommen, das lasst uns heute gemeinsam angehen."

Verbale und nonverbale Ironiesignale

Das ist das Gefährliche an der Ironie: Es gibt immer jemanden, der sie nicht versteht und das Gesagte wortwörtlich nimmt. Deshalb hat der zynische Redner eine ganz eigene Körpersprache. Denn mit seiner Haltung, mit seinem Blick und vor allem mit seiner Stimme muss er Ironiesignale senden. Ironiesignale sind Codes, die dem Publikum augenzwinkernd zeigen, dass das Gegenteil von dem gemeint ist, was der Redner gerade sagt. Es gibt auch verbale Ironiesignale wie starke Übertreibung oder Untertreibungen, aber auch kleine Wörtchen wie „sicherlich", „vielleicht" usw. Körpersprachliche Ironiesignale sind: eine betont lässige Haltung, ein süffisantes Grinsen, leichtes Augenzwinkern, „wegwerfende Gesten" mit den Händen oder mit dem Kopf („Das habe ich so nicht gemeint") und vor allem eine gedehnte, hypermodulierte Stimme. Wenn Sie Harald Schmidt kennen, dann können Sie ihn sich als Modell des zynischen Redners abspeichern.

Auch wenn Sie kein Zyniker sind, nutzen Sie die Kraft seiner Stilmittel. Sie sind sehr wirkungsvoll. Sie machen Spaß, sind witzig, originell, verspielt, ungewöhnlich, sie sind anders als die anderen. Somit erhöhen Sie mit seinen Stilmitteln die Wirkkraft Ihrer Rede dramatisch. Setzen Sie sie sparsam, aber gezielt ein wie ein scharfes Gewürz. Zu viel verdirbt das Essen, zu wenig macht es fad! Verzichten Sie ganz auf Brüche und Originalität, dann werden Sie, Ihre Inhalte und Ihr Anliegen schnell vergessen.

Originell, verspielt, ungewöhnlich

Ein bisschen Provokation, ein bisschen Biss, ein bisschen Frechheit machen Ihre Rede zu einem unvergleichlichen und unvergesslichen Ereignis. Sie gewinnen Profil, Sie zeigen Freigeist, Sie beweisen Mut. Qualitäten, die von Meinungsführern erwartet werden. Auch im Business-Kontext kommen Sie mit glatter Angepasstheit nicht allzu weit. Auch hier können Sie sich abheben, indem Sie Mut beweisen und gezielt auch machtvolle und oft ungeschriebene Gesetze hinterfragen. Mit Ironie, Augenzwinkern und lässigem Charme können Sie so vor wichtigen Meetings punkten.

Ungeschriebene Gesetze hinterfragen

Dieses Emotionsfeld spielt eine wichtige Rolle, wenn es darum geht,

- aufzufallen um jeden Preis,
- sich vom Wettbewerb abzuheben,
- Bewährtes anzuzweifeln und Festgefahrenes ins Wanken zu bringen,
- dem Neuen den Weg zu ebnen,
- Mut und Originalität zu demonstrieren,
- das Verdrängte einer Gesellschaft/einer Organisation sichtbar zu machen,
- Beachtung (in den Medien) zu finden,
- sich ins Gespräch zu bringen,
- sein Charisma zu demonstrieren,
- Teil jeder unvergesslichen und unvergleichlichen Rede zu sein.

37. Highlight: Paradoxes Brainstorming

Was? In einem paradoxen Brainstorming fordern Sie Ihre Zuhörer auf, Ihnen möglichst viele verkehrte Ratschläge zu Ihrem Thema zuzurufen.

Wozu? Das paradoxe Brainstorming ermöglicht Ihnen, den Irrsinn eingefahrener Handlungen und Denkmuster pointiert und plakativ anzuprangern. Da das Vorgehen sehr lustig und unterhaltsam ist, vermeiden Sie den erhobenen Zeigefinger. Es gibt keine lässigere Präsentation der Hölle. Nutzen Sie die Veränderungskraft, die im paradoxen Brainstorming steckt, um den Boden für Ihre Erneuerungen zu bereiten.

Wie? Drehen Sie Ihre zentrale Aussage um: Sie wollen Service – dann entwickeln Sie Kundenvergraulungsprogramme; Sie wollen Geld – dann singen Sie ein Loblied auf den Geiz. Spitzen Sie die Aussage zu: „Wir sparen uns tot“. Mildern Sie die Aussage durch die Frageform: „Wie können wir uns weiterhin totsparen?“ Arbeiten Sie mit dem „Flipchart-Zuruf“. Bei großen Gruppen wiederholen Sie laut und deutlich, was Ihnen der Teilnehmer zugerufen hat). Schreiben Sie die Antworten auf das Flipchart. Präsentieren Sie sachlich Ihre Ideen zur sinnvollen Erneuerung.

Beispiele

- „Wie schaffen wir es, dass nie wieder eine Innovation unsere Abteilung verlässt?“
- „Wie können wir das Publikum mit unseren Präsentationen noch besser schlummern lassen?“
- Leiten Sie paradoxen Nutzen ab: „Was haben wir davon, wenn wir bei unserer jetzigen Meetingkultur bleiben?“ (humorvoll)

38. Highlight: Ironische Hitparade

Die ironische Hitparade ordnet die verkehrten Ratschläge, Vorurteile, Denkmuster in ein Ranking und deckt so Missstände unterhaltsam und spannend auf. **Was?**

Mit der ironischen Hitparade lässt sich der Hölle-Part Ihrer Rede sehr vergnüglich, spannend und unterhaltsam präsentieren. Sie können den Finger in die Wunde legen, ohne jemandem wehzutun. Vielmehr wird Bestehendes infrage gestellt und Anerkanntes ins Lächerliche gezogen. Wie ein brillanter Kabarettist segeln Sie haarscharf um Eisberge herum und begehen eine Gratwanderung sondergleichen. Der Effekt ist unübertrefflich: Durch Verwunderung und Staunen, aber auch Lachen und Humor des Publikums erzeugen Sie entweder „heitere“ negative Emotionen für die Gegenposition oder „selbstironische“ positive Emotionen für die eigene Position. **Wozu?**

Wie?

- Angenommen, Sie halten einen Vortrag vor Führungskräften, die kein besonders gutes Verhältnis zu ihren Mitarbeitern haben. Ihr Vortrag soll sie aufrütteln und verändern. Dann können Sie jetzt augenzwinkernd „Die 7 besten Methoden der Mitarbeiter-Demotivation!“ aufzählen.
- „Intrigieren leicht gemacht!“; „Wie man sich und anderen das Leben schwer macht“ (Buchtitel)
- „Warum wir Meetings brauchen: 1. „Speaker-Corner“, 2. Business-Dreaming, 3. Kreativitätsklauort, 4. Verantwortungs-Abschiebungs-Sport, 5. Übungsfeld für Leute, die frisch aus dem Rhetorikkurs kommen“ usw.
- Logikketten ins Absurde führen: „Wo kämen wir hin, wenn wir unsere Mitarbeiter partnerschaftlich behandelten? 1...2...3...“

39. Highlight: Schein und Sein – „Die Wahrheit über …“

Was? Sie entlarven, was wirklich hinter den Dingen steckt. Provokant und augenzwinkernd decken Sie Missstände auf.

Wozu? Dem Neuen den Weg ebnen, indem das Alte in seiner Verlogenheit, Begrenztheit, Rückschrittlichkeit, Wirkungslosigkeit entlarvt wird. Immer dann, wenn Sie etwas radikal Neues verkünden wollen und Ihr Publikum entweder noch nicht so weit ist oder zu tief in alten Denkmustern verstrickt ist.

Wie? Es gibt oft festgefahrene Meinungen, sogenannte Paradigmen („Nur so macht man es!“), die das Publikum gar nicht infrage stellt. Wenn Sie nun einen Paradigmenwechsel verkünden („Es ist ganz anders als gedacht“), dann müssen Sie erst die alten Denkmuster Schritt für Schritt entlarven. Suchen Sie sich die wichtigsten Denkirrtümer Ihres Publikums aus und zeigen Sie, was wirklich dahintersteckt.

Beispiele Angenommen, Sie haben eine neue bahnbrechende Methode für Change-Projekte gefunden. So könnten Sie vorgehen:

- „Irrtum Change-Management“
- „Die 7 Irrtümer im Change-Management“
- „Die Wahrheit über erfolgreiche Change-Projekte“
- „Vergessen Sie alle Tipps, die Sie in teuren Seminaren gelernt haben über …“
- „Was Sie schon immer über Change-Management wissen wollten …“
- „Die 5 wichtigsten Fehler bei der Implementierung eines Change-Projektes“
- „Was sich wirklich hinter dem XY-Ansatz verbirgt“
- „8 Täuschungseffekte im Change-Management“

40. Highlight: Die Körpersprache des Provokateurs

Die Körpersprache der Provokation	Werte und Emotionen: Auffallen, Schockieren, Konfrontieren
Ausgangsposition: Der Schenkende (vgl. S. 145)	(Vorgegebene) Zurückhaltung
Übergang zum Provokateur: Anders als die anderen sein	Auffallen, herausragen, polarisieren
Anders als Ihre Teilnehmer	Auffallen, herausragen, polarisieren
Ganz anders als erwartet	Schockieren, konfrontieren
Brechen mit den Konventionen	Auffallen, hervorstechen, polarisieren
Andere Kleider, andere Medien, anders als gewohnt sprechen, sich bewegen, blicken …	Interesse wecken, Spannung erzeugen, Staunen
Gegen die vorherrschende Unternehmenskultur verstoßen; Dresscodes ignorieren	Provozieren, konfrontieren, auffallen Polarisieren, d. h. Feinde, aber auch treue Freunde gewinnen
Kontraste setzen (Wenn alle laut – dann leise; wenn alle bunt – dann grau; wenn alle kalt – dann warm)	Provozieren, konfrontieren, schockieren Spannung erzeugen; Disharmonien
Auf die Ästhetik des Hässlichen setzen	Originell, verstörend, erneuernd

Profitipp

Die Körpersprache der Provokation ist eine der schwersten in der gesamten Rhetorik. Dadurch, dass der Redner bewusst gegen Regeln verstößt, hat er ein klares Ziel vor Augen, das er genau auf diesem Weg am effektivsten erreichen kann. Es ist schwer, allgemeine Formen für Gestik, Mimik oder Stimme zu finden, die den Provokateur charakterisieren, da gerade das Anderssein ihn von der Masse abhebt, angepasst an das Publikum, das Thema, die Rede.

Teil III

Emotionale Verstärkung durch rhetorischen Feinschliff

30 Rhetorische Wirkfiguren

Übersicht

- **Alliteration** (Stabreim)
- **Anadiplose** (Verdoppelung)
- **Analogie** (Ähnlichkeit von Verhältnissen)
- **Anapher** (Wiederholung des Satzanfangs)
- **Antithese** (Gegensatz)
- **Asyndeton** (Unverbundene Aufzählung)
- **Brevitas** (Kürze)
- **Chiasmus** (Überkreuzstellung)
- **Concessio** (Bewilligung)
- **Euphemismus** (Beschönigung)
- **Evidentia** (Veranschaulichung)
- **Exemplum** (Beispiel)
- **Hyperbel** (Übertreibung)
- **Imperativ/Slogan** (Aufforderung)
- **Ironie** (Verstellung)
- **Klimax/Antiklimax** (Positive/negative Steigerung)
- **Metapher** (Übertragung)
- **Narratio** (Erzählung)
- **Oxymoron** (Innerer Widerspruch)
- **Parallelismus** (Gleicher Satzbau)
- **Platzierung** (Rangreihenfolge/Ranking)
- **Prolepsis** (Vorwegnahme eines Einwandes)
- **Repetitio** (Wiederholung)
- **Rhetorische Frage** (Scheinfrage)
- **Spruch/Zitat**
- **Symbolismus**
- **Synekdoche** (Ersetzung)
- **Trikolon** (Dreierschritt)
- **Verzicht**
- **Wortspiel und Wortwitz**

1. Alliteration (Stabreim)

Was? Durch den gleichen Anfangsbuchstaben zweier oder mehrerer aufeinander folgender Wörter entsteht eine prägnantere Verbindung.

Wozu? Eine Alliteration hat die Funktion, eine Verbindung zwischen zwei Wörtern zu verstärken und zu unterstreichen. Der Zuhörer kann leichter der Rede folgen, und er kann ihren Inhalt besser verstehen.

Außerdem wirkt Ihre Rede griffig und einprägsam und zeugt von Originalität und Kreativität.

Wie? Suchen Sie nach passenden Synonymen in einem Lexikon oder im Internet, um die passenden Wörter zu finden, deren Anfangsbuchstaben übereinstimmen. Versuchen Sie es aber im Notfall nicht „auf Teufel komm raus", sonst wirkt es nicht authentisch, und man nimmt Ihnen Ihre Rede nicht ab!

Beispiele

- „Profit! Pride! Pleasure!"
- „Wir brauchen mehr Struktur, Stabilität und Sicherheit!"
- „Es herrschen zerstörerische Zeiten!"
- „Ein ausgezeichnetes Angebot!"
- „Ein prima Produkt!"
- „Klare Kalkulationen!"
- „Passende Preise!"

Profitipp In Kombination mit einem Trikolon und einer Klimax das absolute Highlight Ihrer Rede! Die Intensität und Dringlichkeit Ihrer Aussage steigern sich enorm.

2. Anadiplose (Verdoppelung)

Was?

Die letzten Wörter des Satzes werden im folgenden Satz oder Teilsatz erneut wiederholt.

Wozu?

Ihre Kernbotschaft wirkt wesentlich schlüssiger und logischer für Ihr Publikum. Dadurch wird nicht nur die Aufmerksamkeit, sondern auch die Bedeutung der Kernbotschaft gesteigert. So wird Ihr Thema dem Publikum zwangsläufig verständlicher erscheinen.

Wie?

Greifen Sie das letzte Wort, den letzten Ausdruck oder die letzte Wortgruppe Ihrer Aussage auf und fangen Sie damit Ihren neuen Satz oder Halbsatz an.

Beispiele

- Nur durch stetigen Wandel können wir uns verbessern. Verbessern müssen wir uns, wenn wir wettbewerbsfähig bleiben wollen.
- Nur unser Produkt ist gut und günstig. Gutes und Günstiges finden Sie aber nicht mehr überall!
- Das können wir nur im Einklang mit der Umwelt realisieren. Realisieren wir also endlich, dass Umwelt eine entscheidende Rolle spielt!
- Bildung bringt Innovation. Innovation garantiert Wachstum. Wachstum sichert Wohlstand.

Profitipp

Um eine Anadiplose noch wirkungsvoller zu gestalten, können Sie sie mit einer Alliteration zu einem „Wortspiel“ steigern. Dies wirkt noch gebildeter und niveauvoller.

3. Analogie (Ähnlichkeit von Verhältnissen)

Was? Abstrakte, komplizierte und unbekannte Aspekte Ihres Themas werden mit dem Publikum bekannten Aspekten ins Verhältnis gesetzt.

Wozu? Die Analogie hilft Ihnen, Ihr Thema in die Sprache und Lebenswirklichkeit Ihrer Zuhörer zu übersetzen und einleuchtender darzustellen. Neben der übersetzenden Funktion macht die Bildhaftigkeit der Analogie Ihre Präsentation anschaulich und originell. Die Analogie eignet sich hervorragend, um komplexe naturwissenschaftliche, technische oder unsichtbare Prozesse so zu erklären, dass Ihr Publikum sie auch versteht.

Wie? Suchen Sie sich passende Beispiele und Sachverhalte, die jeder kennt, mit denen Sie Ihr schwieriges Thema „gleichsetzen" können, nach dem Muster A verhält sich zu B wie C zu D.

Beispiele

- „Eine Partei ohne Führung ist wie ein Mensch ohne Kopf."
- „Die Teile in China zu produzieren ist wie am Meer wohnen und Tiefkühlfisch essen." (Lieferant, der in der Nähe des Kunden sitzt zum Kunden, der chinesischen Anbieter bevorzugt)
- „In unsere Firma zu investieren ist so sicher wie Geld zur Sparkasse zu bringen, nur erhalten Sie bessere Rendite!"
- „Entschuldigen Sie, Herr XY, aber Ihr Argument ist so gut wie die chinesische Sprache: So schön im Bild, aber so unverständlich in der Logik."
- „Der Unterschied zwischen dem richtigen Wort und dem beinahe richtigen Wort ist der gleiche wie der zwischen einem Blitz und einem Glühwürmchen." (Mark Twain)

4. Anapher (Wiederholung des Satzanfangs)

Wiederholung eines oder mehrerer Wörter zu Beginn aufeinander folgender Sätze, Satzteile oder Absätze.

Was?

Hebt wichtige Dinge hervor, erzeugt Prägnanz. Kann auch plakativ, ordnend oder nachdrücklich wirken. Dies kommt immer auf den Zusammenhang und die Intensität des „Reglers“ an.

Wozu?

Formulieren Sie Ihre Kernbotschaften aus und versuchen Sie dann, die Anfangssätze oder Absätze der jeweiligen Botschaften immer gleich zu beginnen. Achten Sie darauf, nur wirklich Wichtiges zu wiederholen. Oftmals spielt beim Halten der Rede vor allem die Stimme eine wichtige Rolle: Seien Sie laut oder eindrücklich, machen Sie eine Wirkpause!

Wie?

- „Scipio hat Numantia vernichtet, Scipio hat Karthago zerstört und Scipio hat Frieden gebracht …“ (Cicero)
- Nur mit Stolz können wir unser Land weiterbringen, nur mit Sicherheit können wir unser Land erhalten, nur mit Gemeinschaft können wir langfristig Wohlstand sichern, nur mit Technologie bleiben wir weiter Vorreiter.

Beispiele

Die Anapher wiederholt immer den Satzanfang, aber Sie können auch andere Satzteile wiederholen und so Ihre Rede eingängig machen: Mithilfe der Epipher wiederholen Sie das Satzende und mit der Anadiplose einen Teil in der Satzmitte. Variieren Sie, spielen Sie mit den Wiederholungen und machen Sie Ihre Rede so noch markanter.

Profitipp

5. Antithese (Gegensatz)

Was? Parallel im Satzbau, jedoch gegensätzlich im Inhalt.

Wozu? Unterschiede können durch die Abgrenzung vom Gegensatz verdeutlicht werden. So kann Schwammigkeit vermieden werden, man spricht Klartext und ist pointiert. Auf diese Weise erzeugt man Prägnanz, Eindringlichkeit und polarisiert.

Wie? Versuchen Sie Ihre Kernbotschaft so kurz wie möglich auszuformulieren. Beschränken Sie sich auf das wirklich Wesentliche und suchen Sie nun einen passenden Gegensatz, der Ihr Anliegen in einem noch besseren Licht erscheinen lässt.

Beispiele

- „Wichtig für Deutschland, unwichtig für Europa."
- „Wollen wir eine langfristige vernünftige Entscheidung oder wollen wir nur kurzfristige Erfolge?"
- „Hart in der Sache, weich in der Form."
- „Weniger greifbar, aber nicht weniger gewichtig."
- „Besser jetzt investieren, als morgen zu verlieren."

Profitipp Die Antithese ist eine der ältesten Stilfiguren der Rhetorik. Sie ist sehr einfach, aber umso wirkungsvoller. Kombiniert mit einleuchtenden Beispielen und Metaphern, wertet sie Ihre Rede im Nu auf.

6. Asyndeton (Unverbundene Aufzählung)

Was?

Mehrere Wörter werden unverbunden aneinandergereiht.

Wozu?

Dem Aufgezählten und Gesagten wird eine höhere und herausragende Bedeutung zugesprochen. Der Zuhörer ist zunächst verblüfft von der Aneinanderreihung und merkt sofort, dass es sich um etwas Besonderes handelt. Insgesamt drückt der Vortrag so Dynamik und Spannung aus und langweilt Ihr Publikum nicht.

Wie?

Suchen Sie sich passende, gleiche und entsprechende Synonyme oder Beispiele für Ihre Kernbotschaft.

Beispiele

- „Woran mangelt es uns in dieser Zeit? Moral, Sitten, Bildung, Erziehung."
- „Was kann unser Land jetzt noch retten? Geld, Neuwahlen, Revolution, Veränderung, Öffnung?"
- „Lenken, leiten, führen, verantworten, das sind die Aufgaben heutiger Manager."
- „Mit dem Produkt XY machen Sie den absoluten Superkauf: Es ist praktisch, einfach zu bedienen, billig, leistungsstark, verlässlich, sicher."
- „Lassen Sie uns kämpfen, gewinnen, gestalten, verändern!"

7. Brevitas (Kürze)

Was? Knapper Erzählstil mit kurzen Sätzen, reduziert auf das Wesentliche. Oft wird die Brevitas durch Ellipsen, unvollständige Sätze, unterstützt.

Wozu? Wirkt prägnant und präzise durch eine starke Fokussierung auf den Inhalt. Ideal um Kernbotschaften kurz und knapp herauszuarbeiten und beliebt, um in kurzer Zeit das Wesentliche zu vermitteln.

Wie? Reduzieren Sie erneut Ihre Kernbotschaft auf das Wesentliche, verlieren Sie sich nicht in Details! Falls Ihnen nicht das passende Wort in den Sinn kommt, suchen Sie nach angemessenen Synonymen.

Beispiele

- Und worauf läuft es wieder einmal hinaus? Mehr Steuern und mehr Schulden!
- Kommen wir auf den Punkt: Sicherheit oder Freiheit?
- Es geht um Ziele. Es geht um Wege. Es geht um Entscheidungen.
- Job weg, Haus weg, Auto weg!
- Mehr Gebühren, weniger Geld in der Tasche!

Profitipp Sehr gut kann man eine Antithese mit einer Brevitas verbinden. Dies schafft noch mehr Prägnanz und erleichtert es dem Zuhörer, Ihre Kernbotschaft zu verstehen.

8. Chiasmus (Überkreuzstellung)

Was?

Eine symmetrische Überkreuzstellung von gegensätzlichen Satzpaaren.

Wozu?

Der Chiasmus verleiht Ihrer Rede das gewisse Etwas. Es ist ein sehr anspruchsvolles Stilmittel, das besonders bei einem gebildeten Publikum seine volle Wirkung entfalten wird. Der Chiasmus ist das Gegenteil des Parallelismus und mit der Antithese eng verwandt. Er bietet so die ideale Möglichkeit, Gegensätze in kurzer, packender Weise ungewöhnlich zu präsentieren. Prägnanter können Sie Ihre Botschaft fast nicht „verpacken"!

Wie?

Stellen Sie Satzglieder über Kreuz, sodass sich eine Abfolge „AB|BA" ergibt.

Beispiele

- „Die Kunst ist lang,
  und kurz ist unser Leben." (Goethe)
- „Einfach genial
  Genial einfach" (Werbeslogan)
- „Das Einzigartige an unserer Partei ist die Gemeinschaft, Gemeinschaft ist aber schon seit Langem nichts Alltägliches mehr!"
- „Die Krise ist vieler Geschäfte Ende, aber das Ende kann auch der Beginn für Neues sein!"
- „Mehr Geld bedeutet Gewinn, muss aber Gewinn auch immer mehr Geld bedeuten?"
- „Nur wenn der Mensch wieder im Mittelpunkt ist, ist der Mittelpunkt wieder an der richtigen Stelle!"

9. Concessio (Bewilligung)

Was? Auf das gegnerische Argument wird scheinbar eingegangen.

Wozu? Wirkt kompetent und professionell, objektiv und sachlich sowie einleuchtend und überzeugend. Vor allem, wenn es im Publikum starke unausgesprochene Vorbehalte oder Vorurteile gibt, ist dieses Vorgehen unbedingt empfehlenswert. Nimmt den Meinungsgegnern den Wind aus den Segeln. Der Redner wirkt dadurch glaubwürdiger und erzeugt Vertrauen. Eine sehr subtile Art, die gegnerische Position zu schwächen. Wecken Sie jedoch keine schlafenden Hunde.

Wie? Überlegen Sie sich die Gegenposition zu Ihrer Kernbotschaft und inszenieren Sie sie wie folgt:

Beispiele

- „Ich gebe zu dass …, gleichzeitig …“
- „Dieser Einwand ist sehr berechtigt. Und ich …“
- „Man könnte jetzt einwenden, dass… Richtig. Gleichzeitig …“
- „Ihnen wird vielleicht aufgefallen sein, dass …, aber wenn man genauer hinsieht, dann …“
- „Augenscheinlich stimmt es, dass …, aber in Wirklichkeit …“
- „Viele Leute sagen immer, dass es …, vor allem kommt es aber darauf an, dass…“

10. Euphemismus (Beschönigung)

Was?

Statt Worte zu benutzen, die im Gehirn Ihrer Teilnehmer negative Assoziationen und Gefühlen erregen, werden die Worte gewählt, die mit positiven Assoziationen und Gefühlen verknüpft sind.

Wozu?

Es wird Stärke demonstriert, und man geht auf die Gegenposition nur schwach ein. Beim Zuhörer soll eine direkte Abwehrreaktion ausgeschlossen werden und so auch ein vielleicht negativ behaftetes Thema neutral erzählt werden. Positive somatische Marker sollen auch bei negativen Inhalten erzeugt werden.

Wie?

Wenn Sie beim Formulieren Ihrer Kernbotschaften Wörter finden, die bei Ihren Zuhörern auf Widerstand stoßen könnten, versuchen Sie, weniger aggressive Ausdrücke zu finden.

Beispiele

- Freisetzung statt Entlassung
- Nullwachstum statt Stagnation
- Suboptimal statt fehlerhaft
- Verbesserungspotenzial statt Katastrophe
- Investitionen statt Kosten
- Anpassungsmaßnahmen statt betriebsbedingte Kündigungen
- Meinungsfindungsprozess statt Konflikt
- Nur 100 Euro statt 100 Euro
- Chance, Herausforderung statt Problem

Profitipp

Verwenden Sie nicht zu viele Euphemismen, sonst kann es Ihnen passieren, dass Ihre Rede aalglatt wirkt.

11. Evidentia (Veranschaulichung)

Was? Dem Publikum wird ein detailliertes Bild beschrieben. So, als ob Sie ein Foto beschreiben und eine Art „Kopfkino“ erzeugen würden.

Wozu? Dinge und Bilder sprechen für sich. Veranschaulichen Sie Ihr Thema und verblüffen Sie Ihre Zuhörer durch etwas komplett Neues! Dadurch, dass Sie das Bild nicht real präsentieren, kann jeder Zuhörer das Bild mit seinen Vorstellungen ausfüllen, das wirkt überzeugender und zugleich anschaulicher, spannender und detaillierter.

Wie? Nehmen Sie Ihre Kernbotschaft oder einen passenden Teilaspekt und formulieren Sie eine kurze Fantasiereise aus oder erschaffen Sie ein passendes Bild, das Ihren Standpunkt besser beleuchtet.

Beispiel „München 2020. Ein Vormittag im Januar. Ein Großraumbüro. Wir sehen hier konzentriert arbeitende Menschen. Dort ein gemeinsam schaffendes Team und weiter hinten eine Insel der Entspannung in farbenfroher und großzügiger Gestaltung. Wir hören Lachen, angeregte Gespräche. Beschwingt und heiter die Stimmung …“

Profitipp Lockern Sie mit Ihrer Evidentia eher langwierige oder trockene Stellen Ihrer Rede auf und erzeugen Sie durch Imagination und Spannung einen anregenden, unterhaltsamen Vortrag.

12. Exemplum (Beispiel)

Was?

Ein Beispiel ist ein konkreter Einzelfall. Zur Gruppe der Beispiele gehört die Referenz, das Fallbeispiel, das anschauliche Beispiel.

Wozu?

Man verwendet Beispiele, um die eigene These zu stützen, aber auch um das Gegenargument zu schwächen. Auf diese Weise machen Sie das Thema glaubwürdiger, gestalten die Präsentation lebendiger und anschaulicher. Oft kann man auch komplexe Themen und Sachverhalte mit Beispielen wesentlich verständlicher für das Publikum machen.

Wie?

Sammeln Sie belegende oder anschauliche Beispiele, die für Ihre These sprechen oder die Ihren Mitbewerber widerlegen. Beschreiben Sie einfach detailliert das Bild vor Ihrem inneren Auge. Formulieren Sie dann Ihr Beispiel aus: anschaulich, wie eine Geschichte, mit Personen, Gesichtern, wörtlicher Rede.

Beispiele

- Erzählen Sie von Situationen, in denen Ihre Theorie Anwendung fand.
- Nennen Sie Beispielprojekte und schildern Sie, wie Sie dort erfolgreich vorgegangen sind.
- Nennen Sie Beispiele, wo Ihre Idee/Ihr Produkt schon erfolgreich ist.
- Wenn Sie einen Prozess vorstellen, erzählen Sie von einem konkreten Fall parallel zu den einzelnen Prozess-Schritten.
- Wenn Sie von Einsparungen sprechen, zeigen Sie konkrete Beispiele, wie, wo und wann gespart werden kann.

13. Hyperbel (Übertreibung)

Was? Bei der Darstellung von Personen oder Dingen wird weit über das Glaubwürdige hinaus übertrieben. Sie werden verfremdet oder emotional stark auf- oder abgewertet.

Wozu? Die Hyperbel bringt Witz und Humor in Ihre Rede. Verwenden Sie sie nur nicht zu oft, sonst wirkt sie ermüdend, gekünstelt und nicht authentisch. Oftmals drückt gerade die bewusste Übertreibung die direkten Gefühle Ihrer Zuhörer aus, macht aber auch Ihre Rede verständlicher und anschaulicher. Redewendungen wie „Hier ist aber der Teufel los“ sind schließlich nicht wörtlich gemeint, sodern schon fast eine Metapher.

Wie? Suchen Sie sich ein passendes Adjektiv, eine passende Redewendung oder ein paar Begriffe aus der Alltagssprache. Bringen Sie nun die Hyperbel am Höhepunkt Ihrer Rede oder wenn Sie die Zuhörer überraschen, ermuntern oder motivieren möchten.

Beispiele

- „Nur wenn wir jetzt handeln, können wir Bürgerkriegszustände auf deutschen Straßen vermeiden.“
- „Mit unserer neuen Limousine gleiten Sie engelsgleich durch den Straßenverkehr.“
- „Bei unserem Service werden Sie sich wie eine Gottheit fühlen.“
- „Er lag meilenweit daneben mit seiner Meinung.“
- „Noch nie war telefonieren so einfach!“
- „Nicht ist unmöglich!“ (Werbung)

Profitipp Durch eine Hyperbel und einen überzogenen Vergleich können Sie oftmals die richtigen Emotionen vermitteln und somit einen noch besseren Auftritt hinlegen.

14. Imperativ/Slogan (Aufforderung)

Was?

Ein Slogan oder Imperativ ist in der Rhetorik ein einprägsamer Spruch oder Satz.

Wozu?

Durch die Prägnanz und Kürze, aber auch durch die Wiederholung in Ihrer Rede, sorgt ein Imperativ oder Slogan für Sicherheit durch Wiedererkennung, Verständlichkeit durch Kürze sowie Besonderheit durch Einzigartigkeit. Verpacken Sie vor allem Ihre zentrale These.

Wie?

Versuchen Sie Ihre Kernbotschaft in einen griffigen Satz, eine passende Phrase oder ein ansprechendes Lebensgefühl zu packen. Bringen Sie diesen Slogan nun an der richtigen Stelle oder Pointe, und schon ist Ihnen das Interesse Ihrer Zuhörer sicher!

Beispiele

- „Yes, we can!“ (Barack Obamas „Wahlspruch“)
- „Atomkraft, nein danke!“ (Für den Atomausstieg)
- „Vorsprung durch Technik“ (Audi)
- „Wir können siegen! Wir wollen siegen! Wir werden siegen!“ (Helmut Kohl)
- „Wer belohnt, wird belohnt.“ (Zentrale Aussage im Kapitel I, 5)

Profitipp

Machen Sie Ihren Slogan oder Imperativ durch eine Alliteration oder ein Wortspiel zu einem besonderen geschliffenen Höhepunkt. Dadurch wird er nicht nur noch einzigartiger, sondern auch noch besser erkennbar. Ihr Slogan wird Ihrer Rede auch das besondere Etwas, das „Branding“ verpassen und so eine ganz eigene Handschrift tragen, an die sich Ihre Zuhörer erinnern werden. Diese Botschaft werden sie bestimmt von Ihrer Rede mitnehmen. Wiederholen Sie Ihren Slogan so oft wie möglich!

15. Ironie (Verstellung)

Was? Die Ironie drückt das Gegenteil von dem aus, was der Redner wirklich sagen will.

Wozu? Die Ironie ist oft kritischer als purer Humor und oft nur aus dem Kontext heraus zu verstehen. Sie sollten durch Ironiesignale in Betonung und Gestik Ihrem Publikum klarmachen, dass Sie das soeben Gesagte nicht wirklich wortwörtlich meinen. Dann wirkt die Ironie zuspitzend und intelligent. Sie erzeugt für Sie und Ihre Rede Aufmerksamkeit, Spannung und Witz in einem. Sie zeichnet vor allem brillante, niveauvolle Redner aus, erfordert aber auch ein entsprechendes Publikum.

Wie? Gehen Sie von Ihrer Kernbotschaft aus und formulieren einen Satz, der das komplette Gegenteil postuliert. Versuchen Sie, ihn jetzt auch noch so zuzuspitzen, dass er auch wirklich als Ironie für Ihre Zuhörer verständlich ist.

Beispiele

- Ein Politiker der Gegenpartei über die Verabschiedung eines Rekordhaushaltsdefizits: „Prima Arbeit, Sie sind wieder in Höchstform!“
- Bauen Sie Ironiesignale ein: „Nutzen Sie PowerPoint! Produzieren Sie nicht 10, nicht 20, nein 30 Folien. Schreiben Sie Ihre ganze Rede darauf, schließlich soll keine Silbe Ihres kostbaren Gedankenguts verloren gehen. Lesen Sie die Folien wortwörtlich ab und zeigen Sie dabei Ihrem Publikum Ihren entzückenden Rücken. Das ultimative Highlight: Sprechen Sie leise und in nur einer Tonlage und verhelfen Sie so Ihrem Publikum in den wohlverdienten Business-Schlummer.“

16. Klimax/Antiklimax (Positive/negative Steigerung)

Was?

Eine Steigerung von Wörtern, Elementen, Argumenten zum Schluss hin.

Wozu?

Macht Kleines groß und steigert auf diese Weise den Zusammenhang. Wirkt oft visionär, pathetisch und zielgerichtet. Bestens dazu geeignet, um Himmel-Kernbotschaften zu verpacken.

Wie?

Gehen Sie von Ihrem zu steigernden Wort aus und suchen Sie sich Ober- oder Sammelbegriffe. Oft reicht es auch, nur passende Synonyme zu finden, die in ihrer inhaltlichen Bedeutung stärker wirken.

Beispiele

- „Viele Menschen haben ihren Job verloren, mussten ihr Haus verkaufen, und unzählige Geschäfte mussten schließen."
- „Wir brauchen jetzt mehr Regelungsmöglichkeiten, mehr Befugnisse und wieder mehr Staat."
- „Es geht um reibungslose Zusammenarbeit: im Team, im Betrieb, im gesamten Unternehmen."
- „Wir haben neue Kunden gewonnen: nicht 10, nicht 50, sondern 100!"
- „Wir haben Ideen. Viele Ideen. Überraschende Ideen."

Profitipp Antiklimax

Es kann auch eine Abstufung vom Großen zum Kleinen, die Antiklimax, geben. Hier fokussiert der Redner vom Großen ins Detail hinein und richtet damit die Aufmerksamkeit der Zuhörer auf ein bestimmtes Detail. Beispiel: „Wollen wir also die ganze Welt retten oder nur unseren Betrieb?"

17. Metapher (Übertragung)

Was? Die Metapher hat die Funktion, etwas durch etwas anderes zu ersetzen. Das zu Vergleichende wird nicht explizit genannt, hat aber dieselbe Funktion.

Wozu? Metaphern machen ein Thema einleuchtend dank ihrer Übersetzungsfunktion. Sie vereinfachen komplexe Sachverhalte und machen Ihren Vortrag anschaulich, spannend und interessant. Sie erhöhen die Merkfähigkeit beim Publikum, da für die Verarbeitung einer Metapher viel mehr Gehirnareale am Werk sind als für nichtmetaphorische Formulierungen. Die Sprache ist sehr bildlich und wirkt plastisch. Je nach Richtung der Metapher kann man sie ironisch, eindrucksvoll oder berührend anfärben.

Wie? Suchen Sie für Ihre Kernbotschaft ein schönes Bild bzw. die Emotion, die Sie an Ihr Publikum weitergeben möchten. Mithilfe der folgenden Formulierungen können Sie Metaphern einleiten: „Das ist so ähnlich wie ...“; „Das erinnert mich an...“; „Das könnte man vergleichen mit ...“ Der Vergleich sollte natürlich wieder allen Zuhörern bekannt und dem Niveau des Publikums angepasst sein.

Beispiele

- „Ein Vogel braucht zwei Flügel, um sicher und erfolgreich zu fliegen. So ähnlich ist das auch in unserer Partei. Wir brauchen beide Flügel, um sicher und erfolgreich die Wahl zu gewinnen.“
- „Das Steuer fest in der Hand, das Ziel vor Augen.“
- „Der Markt ist ein Boxring. Gewinnen kann immer nur einer.“
- „Treffen Sie endlich einmal den Nagel auf den Kopf!“
- Metaphern in diesem Buch: Klaviatur der Emotionen; dunkle Tasten – helle Tasten; Regler/Verstärker; Belohnungskarte.

18. Narratio (Erzählung)

In Geschichten wird Lebenserfahrung und Sinnstiftung transportiert. So kann eine kleine Geschichte, Anekdote oder Erzählung Ihr Anliegen bestärken oder bereichern. Am wirkungsvollsten ist eine Geschichte dann, wenn sie Ihre Kernbotschaft anschaulich transportiert. Was?

Eine kurze Geschichte, ein Beispiel aus dem wahren Leben macht Ihr Anliegen wesentlich plastischer. Erzählen Sie lebendig: Im Präsenz, kurze aktive Sätze, direkte Rede, schauspielerische Einlagen, Stimmtheatralik. Gehen Sie danach auf den Lerneffekt der Geschichte ein (docere = lehren). Wozu?

Planen Sie die Dramaturgie und lernen Sie von Hollywood. Jeder spannende Roman oder Film folgt einer guten Dramaturgie, die zum Schluss ihr erfolgreiches Happy-End findet. Nutzen Sie folgende Struktur: Wie?

- Spannende Einleitung: Sie erweckt die Aufmerksamkeit.
- Beschreibung des Problems der Zuhörer, möglichst wirkungsvoll. Führen Sie zum Tiefpunkt. Das Publikum fühlt sich verstanden und nickt zustimmend: „So kann es nicht weitergehen!"
- Beschreibung des Idealzustands der Zuhörer, ebenso wirkungsvoll. Anschaulich ein leuchtendes Zielbild malen, das die Zuhörer unbedingt erreichen möchten. Jetzt ist jeder im Publikum gespannt auf die Lösung.
- Der Auftritt des Retters und Helden: Ihre Lösung. Sie führt direkt in das vorher genannte leuchtende Zielbild.
- Happy-End. Holt die Zustimmung vom Publikum oder erntet Applaus und Schulterklopfen.

19. Oxymoron (Innerer Widerspruch)

Was? Es wird aus zwei augenscheinlich gegensätzlichen, sich widersprechenden oder gegenseitig ausschließenden Begriffen eine Formulierung gebildet.

Wozu? Mithilfe des Oxymoron verwirren Sie kurzzeitig Ihre Zuhörer, legen aber den Finger direkt in den wunden Punkt. Kurz danach wird dem Publikum ein Schmunzeln entrinnen und es wird sofort feststellen, was Sie als Redner beabsichtigen. Das Oxymoron eignet sich auch besonders gut als Euphemismus bzw. scherzhafte Abwertung der Gegenposition. Oftmals dient es auch dazu, die Doppel- oder Mehrdeutigkeit eines Sachverhalts offenzulegen und spielt deshalb auch in der Lyrik und der Prosa eine große Rolle.

Wie? Relativ leicht lässt sich ein Oxymoron mittels eines Substantivs und eines näher erklärenden Adjektivs formen. Das Adjektiv muss nur im Widerspruch zum jeweiligen Substantiv stehen. Auch lässt sich durch die Kombination zweier Substantive, die sich widersprechen, ein gutes Oxymoron bilden.

Beispiele

- Eile mit Weile
- Hassliebe
- Offenes Geheimnis
- Schwarze Milch
- Regelausnahme
- Minuswachstum
- Gemeinsam einsam
- Schrille Bescheidenheit
- Stummer Schrei

20. Parallelismus (Gleicher Satzbau)

Was? Zwei bis drei Sätze oder Satzglieder werden grammatikalisch gleich formuliert, nur der Inhalt ändert sich. Dadurch benötigt unser Gehirn weniger Energie beim Dechiffrieren der Botschaften.

Wozu? Es erleichtert die Erkennbarkeit des Gedankengangs. Ihre Kernbotschaften werden eingängiger, einprägsamer und verständlicher. Der Hörer kann Ihnen dadurch auch besser folgen.

Wie? Legen Sie sich Ihre Kernbotschaft zurecht und gestalten Sie zwei bis drei gleiche Sätze. Versuchen Sie nun, die Kernbotschaft möglichst gleich auf die Sätze zu verteilen, damit der Ablauf dem Zuhörer leichter fällt.

Beispiele

- „Es gibt kein Land, das nicht unverständliche Gesetze hat. Es gibt kein Land, das nicht eine bürokratische Verwaltung hat. Es gibt nicht ein Land, das festen Regeln folgt. Kommen Sie zu uns und tun Sie etwas dagegen!“
- „So verschaffen Sie sich Gehör: Stehen Sie aufrecht, reden Sie laut, gestikulieren Sie groß!“
- „Kaufen Sie nicht die Katze im Sack: Testen Sie uns unverbindlich, befragen Sie uns hartnäckig, lernen Sie uns näher kennen.“

Profitipp Reichern Sie Ihren Parallelismus mit einem Trikolon, einer Anapher oder einer Alliteration an, und der Rhythmus Ihrer Rede steigert sich enorm!

21. Platzierung (Rangreihenfolge/Ranking)

Was? Kernaussagen, Beispiele oder Aspekte werden in einer Rangreihenfolge aufsteigend platziert vorgetragen.

Wozu? Ihre Rede erhält dadurch mehr Struktur und Ordnung. Zusätzlich wird bewusst der Höhepunkt der Rede gesetzt als „Platz 1", sodass ein dramaturgischer Bogen aufgebaut wird, der die Zuhörer fesselt. So fiebern diese Ihrem letzten und besten Aspekt zu, was Spannung in Ihrer Rede erzeugt. Das ideale Mittel, um einer Rede richtig Feuer zu verleihen. Probieren Sie es, es ist ganz einfach!

Wie? Ordnen Sie einfach Ihre Kernbotschaften, Hauptargumente oder Beispiele in einer Reihenfolge von unwichtig bis wichtig, von schwach bis stark, von undeutlich bis deutlich. Suchen Sie sich dazu eine passende Anzahl wie drei, sieben oder zehn, und schon haben Sie in kürzester Zeit nicht nur eine Struktur für die Rede, sondern auch ein wirkungsvolles Stilmittel untergebracht.

Beispiele

- „Und nun stelle ich Ihnen das A–Z der Wirtschaftspolitik vor."
- „Formulieren Sie Ihre Ziele SMART-spezifisch, messbar, anziehend, relevant und terminiert (= Akronym)."
- „Kommen Sie mit auf eine Reise in die Labore unserer Entwicklungsingenieure. Die erste Station führt uns …, die zweite … , und zum Schluss kommen wir zum Höhepunkt unserer Reise." (Jetzt zum Beispiel Prototypenbau – fantastischen Prototyp mit WOW-Effekt präsentieren.)
- „Heute möchte ich Ihnen die Top Ten der besten Möglichkeiten zum Geldverdienen präsentieren."
- „Jetzt werden Sie die drei besten Varianten kennenlernen, um Ihre Firma wieder erfolgreich aus der Krise zu führen."

22. Prolepsis (Vorwegnahme eines Einwandes)

Was?

Sie benennen und entkräften während der Präsentation mögliche Einwände. Danach folgt eine überraschende Wendung in der Argumentation zu Ihren Gunsten. Dies hat den Vorteil, dass Sie Einwände schon in der Vorbereitung gut und wirkungsvoll entkräften.

Wozu?

Sie wirken souverän und werden in der Diskussion unangreifbar. Außerdem erhöht es Ihre Glaubwürdigkeit und das Vertrauen Ihres Publikums in Sie, da Sie als kritischer und intelligenter Experte auftreten. Dies ist vor allem dann empfehlenswert, wenn Sie wissen, dass der Widerstand oder die Vorurteile gegenüber Ihrem Thema groß sind. Je kritischer und gebildeter ein Publikum, desto mehr sollten Sie diese Technik anwenden. Achten Sie nur darauf, keine schlafenden Hunde zu wecken. Es geht darum, bissige Hunde, die schon wach sind, an die Leine zu legen.

Wie?

Setzen Sie sich mit möglichen Gegenpositionen kritisch auseinander und bauen Sie eine unschlagbare Argumentationskette für Ihre Haltung auf.

Beispiele

- „Jeder Fachmann weiß natürlich, ..."
- „Kritiker werden einwenden, dass ..."
- „Es gibt immer wieder Ingenieure, die glauben ..."

Profitipp

Die Prolepsis ist mit der Concessio nah verwandt, nur geht die Prolepsis wesentlich stärker auf die Gegenposition ein und macht sie argumentativ gesehen zunichte.

23. Repetitio (Wiederholung)

Was? Wiederholung von Schlüsselwörtern, Kernsätzen oder zentralen Passagen.

Wozu? Die Wiederholung ist eine der wirksamsten rhetorischen Figuren. Was oft genug wiederholt wird, wird irgendwann geglaubt. Durch die Wiederholung prägen sich Botschaften ein, werden vertraut, glaubwürdig und überzeugend. Wiederholungen hämmern Kernbotschaften und Schlüsselwörter in die Köpfe Ihrer Teilnehmer. Wiederholen Sie vor allem Ihre Kernbotschaften oder Ihre zentrale These. Denken Sie an Martin Luther Kings: „I have a dream!" oder an Jesus' Bergpredigt „Ich aber sage Euch ..." Wiederholungen machen Ihre Präsentation rhythmisch und melodisch – und somit ästhetisch ansprechender.

Wie? Wiederholen Sie einfach am besten Ihre Kernthesen oder Schlüsselwörter.

Beispiele

- „Nur wenn Sie für uns stimmen, können Sie etwas bewegen. Nur wenn Sie für uns stimmen, können Sie Veränderung in diesem Land bewirken. Nur wenn Sie für uns stimmen, können Sie Deutschland zu einem besseren Platz auf der Erde machen!"
- „Das System ist nicht nur einfach zu lernen, es ist auch einfach in der Anwendung – denn nur was einfach ist, wird gern genutzt, und nur was gerne genutzt wird, wird auch gekauft."
- „58 Millionen Zusatzgewinn – 58 Millionen!"
- „Sie ist schön, wunderschön – so schön wie eine Göttin!"

24. Rhetorische Frage (Scheinfrage)

Was?

Sie stellen sich selbst eine Frage, die Sie entweder selbst beantworten oder offenstehen lassen.

Wozu?

Fragen haben die Eigenschaft, in den Köpfen Ihrer Teilnehmer nach Antworten zu suchen. Sie steuern so die Gedanken Ihrer Zuhörer. Sie steigern die Aufmerksamkeit und die Merkfähigkeit. So machen Sie Ihren Vortrag lebendig und spannend, indem sie das Mitdenken anregen. Sie holen sich ein Ja (eine Zustimmung) oder ein Nein (Ablehung der Gegenposition) vom Publikum und sind einen wichtigen Schritt im Überzeugungsprozess weiter.

Wie?

Formulieren Sie entweder eine Frage, die Ihre Kernbotschaft danach abdeckt oder überlegen Sie sich Fragen, die im Publikum aufkommen könnten, wenn es Ihrem Vortrag folgt.

Beispiele

- „Sind wir in Wahrheit nicht alle Täter und Opfer zugleich?“
- „Wollen wir weiter in den Abgrund laufen oder wollen wir neue Wege gehen?“
- „Wollen wir die Augen vor diesem Schicksal verschließen?“
- „Wohin soll diese Politik nur führen?“
- „Welches Produkt kann Ihnen diese genannten Eigenschaften noch bieten?“
- „Wollen wir zu den Gewinnern gehören?“

Profitipp

Eine rhetorische Frage kann man sehr gut mit der Stimme steuern! Machen Sie eine kleine Pause nach Ihrer Frage, dadurch werden die Zuschauer angeregt und warten noch gespannter auf eine mögliche Antwort von Ihnen.

25. Spruch/Zitat

Was? Kernsätze und plakative Thesen aus der Geschichte oder von berühmten Persönlichkeiten.

Wozu? Wer sich neben Großes stellt wird selber groß – dieses Sprichwort fasst die Wirkung von Zitaten und Sprüchen plakativ zusammen. Sie können durch Name-Dropping glänzen, sich in eine lange Tradition einreihen und den Wert ihrer Aussage steigern. Sie borgen sich Autorität von berühmten Menschen oder machen Anleihen aus dem langjährigen menschlichen Erfahrungsschatz. Sie erhöhen Ihre Glaubwürdigkeit und steigern das Vertrauen. Sie wirken gebildet und distinguiert, vor allem wenn Sie lateinisch zitieren – mit deutscher Übersetzung versteht sich. Wählen Sie jedoch solche Worte aus, die den Werten und dem Niveau des Publikums entsprechen.

Wie? Suchen Sie im Internet, in passenden Nachschlagewerken oder in der Standardliteratur Ihres Faches.

Beispiele

- „Wer aufgehört hat, besser zu werden, hat aufgehört, gut zu sein."
- „Probleme sind gute Gelegenheiten zu zeigen, was man kann." (Duke Ellington)
- „Veni, vidi, vici." – „Ich kam, sah und siegte." (Julius Caesar)
- „Wenn man mir eine Stunde Zeit geben würde, ein Problem zu lösen, von dem mein Leben abhängt, würde ich 40 Minuten dazu verwenden, es zu studieren, 15 Minuten dazu, Lösungsmöglichkeiten zu prüfen, und 5 Minuten, um es zu lösen." (Albert Einstein)
- „Ein kleiner Irrtum am Anfang wird am Ende ein großer." (Aristoteles)

26. Symbolismus

Abstrakte Sprache als Gegenteil von Konkretem. Es wird sehr malerisch gesprochen, um viele Zugänge zur Rede zu schaffen. Was?

Der Symbolismus in der Rede dient dazu, Ihr Thema möglichst vielen Zuhörern zugänglich zu machen. Sie fassen sich nie zu eng in Ihrer Rede und sprechen eher von dem Großen und Ganzen, als dass Sie sich in Details verlieren. Gerade zu speziellen Anlässen wie Einweihungen, Amtseinführungen, Festtagen, festlichen Feiern etc. eignet sich der Symbolismus gut, um Pathos und Leidenschaft zu erzeugen. Wozu?

Nutzen Sie Begriffe und Wörter, die dem Publikum Raum für Selbstinterpretation geben. So kann jeder Zuhörer seine Erinnerung, Emotion oder Erfahrung damit verbinden und wird nicht eingeengt. Die folgenden Beispiele werden Ihnen schnell zeigen, wie wirkungsvoll der Symbolismus sein kann. Wie?

Freiheit, Würde, Macht, Mitbestimmung, Ideale, Werte, Menschlichkeit, Vernunft, Fortschritt, Einfluss, Energie, Ehre, Gewinn, Ordnung, Tradition, Eleganz, Geborgenheit, Harmonie, Verständnis, Flexibilität, Kreativität, Moderne, Transparenz Beispiele

Der Symbolismus und die damit verbundene Abstraktion ist die Sprache der Politiker. Unter ihren Begriffen kann jeder Zuhörer das verstehen, was er will. Auf diese Weise schaffen sie es, ihr gesamtes Publikum bzw. das gesamte Volk zu erreichen. Profitipp

27. Synekdoche (Ersetzung)

Was? Bei der Synekdoche wird ein Begriff durch ein verwandtes Wort aus dem gleichen Begriffsfeld ersetzt. So wird das Wort durch einen Begriff mit engerer oder weiterer Bedeutung ausgetauscht.

Wozu? Je nach Wortwahl findet eine Abstraktion oder eine Spezifizierung statt. So wird der Sachverhalt entweder eingängiger und leichter verständlich oder jeder Zuhörer kann sich darunter etwas anderes vorstellen, da die „Übersetzung" des Begriffs im eigenen Kopf stattfindet.

Wie? Es gibt verschiedene Formen der Synekdoche. Einmal kann man eine „Pars-pro-toto-Beziehung" schaffen, indem ein Teil für das Ganze steht bzw. umgekehrt. Alternativ kann auch eine Gattung-Art-Beziehung funktionieren, indem das spezielle für das große Ganze steht. Auch mit zeitlichen und grammatischen Beziehungen gelingen gute Synekdochen. Vergleichen Sie auch die Iowa-Rede von Barack Obama auf Seite 39.

Beispiele

- pro Kopf (Kopf für Mensch)
- mit Mann und Maus (Gesamte Ausrüstung)
- Brot für die Welt statt Nahrungsmittel
- Der Werber für die Allgemeinheit aller Werbeschaffenden

Profitipp Die Synekdoche eignet sich hervorragend, wenn Sie Abwechslung und Anschaulichkeit in Ihre Rede bringen wollen, wenn Sie lange über ein einziges Thema sprechen müssen. Ein gutes Beispiel sind politische Berichterstattungen: „Berlin sagt …, Das Parlament tagt …, Führende Köpfe behaupten …, Das Willy-Brandt-Haus dementiert …"

28. Trikolon (Dreierschritt)

Worte, Sätze und Elemente werden in Dreiergruppen angeordnet. **Was?**

Wirkt eindringlich und einleuchtend, da die Figur kompatibel mit der Gedächtnisleistung ist. Der Dreierschritt wirkt rhythmisch und melodiös und erzeugt prägnante und griffige Botschaften. Auch bei ganzen Absätzen und Redeelementen wirkt er strukturierend und macht die Botschaften eindringlicher und verständlicher. **Wozu?**

Formulieren Sie Ihre Kernbotschaft(en) erneut aus. Versuchen Sie dann, sie in Teilschritte oder einzelne, sinnvolle und angemessene Elemente zu zerteilen. **Wie?**

Beispiele

- „Höhere Steuern werden uns nicht weiterbringen! Höhere Sozialabgaben werden das Problem auch nicht lösen! Höhere Rentenbeiträge können da sowieso nicht helfen!"
- „Mehr Kompetenz, mehr Service, mehr als Sie erwarten!"
- „Hart, heftig, herausfordernd!"
- „Harmonisch, herzlich, hilfsbereit!"
- „Was brauchen wir? Was wünschen wir? Was lieben wir?"
- „Aufgelockert, abwechslungsreich, ausdrucksstark!"

Oft kombiniert man einen Trikolon mit einer Klimax oder Alliteration. Beispiel: „Einfach, effektiv, erfolgreich!" **Profitipp**

29. Verzicht

Was? Es wird ausdrücklich gesagt, worüber man nicht sprechen wird, um es erst recht hervorzuheben.

Wozu? Der Verzicht eignet sich gut, um die gegnerische Position zu erschüttern. Er wirkt sehr bescheiden und anständig und bietet somit die elegante Möglichkeit, Kritik schon im Vorhinein auszuschalten. Vor allem wenn Sie ein anspruchsvolles Publikum haben, bietet Ihnen der Verzicht die subtile Möglichkeit, Ihre Gegner mundtot zu machen und dabei Ihr Gesicht zu wahren. Außerdem können Sie ihn dazu verwenden, eigene Positionen beträchtlich zu verstärken, ohne dabei zahllose Argumente bringen zu müssen.

Wie? Nutzen Sie eine der folgenden Redewendungen, um kurz die Gegenposition Ihrer Kernbotschaft anzusprechen. Gehen Sie nicht zu lange auf diese Position ein, da Sie ähnlich wie bei der Prolepsis oder Concessio keine schlafenden Hunde wecken möchten. Falls Sie nur Ihre eigene Position in einem noch besseren Licht darstellen möchten, nutzen Sie eine der letzten Redewendungen im Beispielteil und lassen Sie sie in einem kurzen Nebensatz nach Ihrer Argumentation einfließen.

Beispiele

- „Hier soll nicht die Rede davon sein, wie fragwürdig … Auch nicht davon …“
- „Ich möchte nicht behaupten, dass das Produkt unserer Mitbewerber schlecht ist.“
- „Niemand behauptet, die andere Methode sei rückständig.“
- „Ich möchte nicht über die vielen anderen Vorteile meiner Methode wie … sprechen.“
- „Um den zeitlichen Rahmen nicht zu sprengen …“

30. Wortspiel und Wortwitz

Was?

Eine Mehrdeutigkeit, Verdrehung oder sonstige Wortveränderungen, die den eigentlichen Wortsinn karikieren, humorvoll oder geistreich darstellen. Wortneuerfindungen und Neudefinitionen (Reframing).

Wozu?

Sie erzeugen einen witzigen Höhepunkt in Ihrer Rede, der Ihr Publikum zum Lachen und Nachdenken bringt. Dies bringt nicht nur mehr Spannung in Ihre Rede, sondern auch mehr Aufmerksamkeit. Sie wirken intelligent und humorvoll, oftmals sogar selbstironisch. Dies beweist Ihre Souveränität als Redner und Ihre Kompetenz als Experte, lässt Sie aber auch als „normalen Mensch“ erscheinen und erzeugt auf diese Weise Sympathie.

Wie?

Es gibt verschiedene Arten von Wortspielen: Die häufigste beruht auf dem ähnlichen Klang der verschiedenen Wörter. Eine andere, weit verbreitete, auf der Mehrdeutigkeit eines Wortes, vor allem im Deutschen. Versuchen Sie also durch Synonyme oder die Bedeutung eines Wortes ein solches Wortspiel zu konstruieren. Es ist nicht ganz einfach, aber eines der wirkungsvollsten und unterhaltsamsten Stilmittel der Rhetorik. Es lohnt sich!

Beispiele

- Wortspiel: Zwischen Verlegenheit und Verlogenheit.
- Neuschöpfungen: Zuvielisation, Duplomatie, Tschibofonieren, Glokalisierung
- Unerwartete Definition: Ehe = Karriere. „Ich habe schon viele Karrieren hinter mir.“ (Th. Baschab in einem Vortrag)

Anhang

Rhetorische Analyse einer Rede von Barack Obama
(Obamas Rede zur Amtseinführung)

Eine Rede, wie sie ambivalenter nicht sein könnte. In der Stunde des höchsten Triumphes nach einem langen und harten Kampf zeigt Obama Schlichtheit, Eleganz und Bescheidenheit. In seiner Rede zur Amtseinführung, in der sogenannten „Inaugural address" am 20. Januar 2009, beweist er einmal mehr sein überzeugendes Auftreten und seine brillante Rhetorik. Er nutzt nur wenige eindringliche Tasten auf der Klaviatur der Emotionen, die aber umso eindrucksvoller, berührender und beachtlicher sind.

Die wohl markanteste rhetorische Stilfigur in seiner Rede ist die Antithese. Sie lässt Gutes noch besser aussehen und Schlechtes noch schlechter. Düsteres noch düsterer und Helles noch heller. Sie betont in seiner Rede auf der einen Seite paradoxerweise Zusammenhänge und auf der anderen Seite logischerweise Unterschiede. Sie bringt Licht ins Dunkle, spricht klar Schwächen und Fehler an und schafft ein ehrliches Bild der Realität.

Durch die Anapher gewinnt Obamas Rede an Präzision, Perfektion und Struktur. Sie macht Schwammiges fassbar, Unlogisches logisch und Langwieriges einprägsam. Vor allem aber schafft sie ein logisches und verständliches Grundgerüst, das die Zuhörer eindringlich mitnimmt, fesselt und beeindruckt.

Die Klimax schafft Bilder und Gefühle, steigert und betont. Durch sie gewinnt die Rede erneut an Prägnanz, Nachdruck und Klarheit. Mit ihr spielt Obama perfekt auf den Tasten um die tatsächliche Emotion. Mit ihr gewinnt seine Rede Tiefe und Reflexion. Jeder kann durch die verschiedenen gesteigerten Beispiele angesprochen werden und auch jedem wird sofort das Ausmaß des Gesagten klar.

Sehen Sie selbst, wie einfach gute und wirkungsvolle Rhetorik sein kann. Beschränken Sie sich auch auf die wirklich wichtigen Sachverhalte und betonen Sie diese. Arbeiten Sie dies mithilfe von rhetorischen Wirkfiguren noch mehr heraus. Die gesamte Analyse der Rede, detailliert und Schritt für Schritt, finden Sie auf meiner Website **www.highlight-rhetorik.de**.

Rhetorische Analyse einer Rede von Steve Jobs
(Rede vor den Absolventen Stanfords 2005)

Drei Geschichten aus seinem Leben erzählt Steve Jobs und tut damit das, was man am wenigsten erwartet: Das Innere nach außen kehren, die verletzliche Seite zeigen. Er erzählt von Angst, Verlust und Sterben, aber dann auch immer wieder von Weiterleben, Gewinnen und Vertrauen. Storytelling nennt man die Kunst des Geschichtenerzählens. Sie ist schon oft in diesem Buch angeklungen, soll ihren Höhepunkt aber in dieser Rede finden.

Drei Geschichten, nicht mehr! Drei Geschichten, die berühren und bewegen. Drei Geschichten, die den Absolventen der Stanford University zwei Dinge mit auf ihren Weg geben sollen. „Stay hungry, stay foolish" heißt es im Original, zu Deutsch etwa „Bleibt hungrig und bleibt verrückt". Zwei Lebensweisheiten eines großen Mannes, der Höhen und Tiefen durchlebt hat und kurz vor dem Abgrund seines Lebens stand. Verlust zu zeigen heißt also nicht Schwäche zu zeigen. Über Verlust zu reden heißt viel mehr Stärke und Größe zu zeigen, indem man sich damit befasst. Mit nüchterner Gestik, klarer, gefasster Stimme und wenig „Show“ präsentiert Steve Jobs in nur 15 Minuten diese drei bewegenden Geschichten und reduziert sie dann auf zwei Kernbotschaften. Erneut zeigt sich: Einfachheit, Klarheit und Verständnis sind wichtiger als Komplexität, Unverständlichkeit und Gefühllosigkeit. Was sollen Sie nun aber von dieser Rede mitnehmen, denken Sie sich jetzt vielleicht? Ich werde nie vor Tausenden von Absolventen eine Rede halten? Dies mag vielleicht stimmen, aber was Sie für sich mitnehmen sollten ist, dass eine gute Geschichte, ein bewegendes Ereignis oder ein persönliches Schicksal bewegender sein können als alle Zahlen, Daten oder Fakten. Nutzen Sie diese Kraft des Storytellings und bewegen Sie Ihr Publikum nachhaltig. Eine vollständige und ausführliche Analyse der Rede von Steve Jobs finden Sie auf unserer Website **www.highlight-rhetorik.de**.

Die Autorin

Anita Hermann-Ruess ist Inhaberin der Firma Hermann-Ruess & Partner. Sie studierte Rhetorik und Linguistik an der Universität Tübingen. Mit Begeisterung berät sie Unternehmen und schult Manager, Mitarbeiter und Verkäufer. Sie ist Autorin mehrerer Bücher zum Thema Rhetorik und Gehirnforschung und Dozentin an Hochschulen. Ihr Erfolgsrezept: Sie verbindet auf einmalige Weise 2.500 Jahre klassische Rhetorik mit den neuesten Erkenntnissen aus der Neurokommunikation. Mit dem von ihr entwickelten Limbischen Kommunikationsmodell geht sie einen neuen und zukunftsweisenden Weg.

Sie bietet folgende Seminare, Workshops und Coaching zum Üben und Vertiefen der Inhalte an:

1. Seminar: Highlight-Rhetorik. Anleitungen, wie Sie Ihr Publikum wirklich berühren, bewegen und begeistern
2. Highlight-Rhetorik – Redecoaching (Einzelcoaching)
3. Impulsvortrag: Wer belohnt, wird belohnt! So kurbeln Sie mit Ihrer Rede Glückshormone an!

Viele weitere Informationen erhalten Sie auf www.hermann-ruess.de

Hermann-Ruess & Partner
seminare@hermann-ruess.de
Tel. 07520-923153

Literaturverzeichnis

Allgemeine Rhetorik

Braun, Roman (2001): Die Macht der Rhetorik. Besser reden – mehr erreichen. Piper, Frankfurt und Wien.

Ditko, Peter H./Engelen Norbert Q. (1996): In Bildern reden. Die neue Redekunst aus Ditkos Schule. Econ, Berlin.

Hermann-Ruess, Anita (2006): Speak Limbic! Wirkungsvoll präsentieren. Präsentationen effektiv vorbereiten, überzeugend inszenieren und erfolgreich durchführen. Businessvillage, Göttingen.

Hermann-Ruess, Anita (2007): Speak Limbic! Das Ideenbuch für wirkungsvolle Präsentationen. Argumente, Formulierungen und Methoden, um alle anzusprechen. Businessvillage, Göttingen.

Hermann-Ruess, Anita (2007): Sell Limbic. Einfach verkaufen. Entdecken Sie täglich neue Verkaufspotenziale – werden Sie zum Spitzenverkäufer. Businessvillage, Göttingen.

Hermann-Ruess, Anita (2008): Zeitgemäß präsentieren: professionell, überzeugend und motivierend. Handbuch Sekretariat und Office Management. Gabler, Wiesbaden.

Hermann-Ruess, Anita (2010): Wirkungsvoll präsentieren. Das Buch voller Ideen. Businessvillage, Göttingen (Sonderausgabe „Speak Limbic – das Ideenbuch“ von 2007).

Nöllke, Matthias (2002): Anekdoten, Geschichten, Metaphern für Führungskräfte (inkl. CD-ROM mit vielen Geschichten). Haufe, München.

Pöhm, Matthias (2002): Vergessen Sie alles über Rhetorik: Mitreißend reden – ein sprachliches Feuerwerk in Bildern. Goldmann, München.

Pöhm, Matthias (2006): Präsentieren Sie noch oder faszinieren Sie schon. Der Irrtum PowerPoint. mvg, München.

Schaller, Beat (2005): Die Macht der Sprache. Wie Sie überzeugend wirken. 101 Werkzeuge und 1001 Beispiele. LangenMüller, München.

Wissenschaftliche Rhetorik

Baumgarten, Hans (1998): Compendium Rhetoricum. Die wichtigsten Stilmittel. Eine Auswahl. Vandenhoeck & Ruprecht, Göttingen.

Historisches Wörterbuch der Rhetorik (1992ff.), hg. v. Gert Ueding, mitbegr. v. Walter Jens in Verbindung mit Wilfried Barner, unter Mitwirkung von mehr als 300 Fachgelehrten; 8 Bände (bisher erschienen: Bd. 1–6, A-Musi). Niemeyer, Tübingen.

Lausberg, Heinrich (1964): Handbuch der literarischen Rhetorik: eine Grundlegung der Literaturwissenschaft. Hueber, München (2 Bände und Registerband).

Lausberg, Heinrich (1963): Elemente der literarischen Rhetorik: eine Einführung für Studierende der klassischen, romanischen, englischen und deutschen Philologie. Hueber, München, 2., wesentl. erweiterte Auflage.

Ottmers, Clemens (1996): Rhetorik. Metzler, Stuttgart und Weimar.

Plett, Heinrich F. (2001): Einführung in die rhetorische Textanalyse. Buske Verlag, Hamburg. 9., aktualisierte u. erweiterte Auflage.

Ueding, Gert (1996): Klassische Rhetorik. Beck, München.

Ueding, Gert (2000): Moderne Rhetorik – von der Aufklärung bis zur Gegenwart. Beck, München.

Ueding, Gert (2005): Grundriss der Rhetorik – Geschichte, Technik, Methode. Metzler, Stuttgart: 4., aktualisierte Auflage.

Antike Rhetorik

Aristoteles (1999): Rhetorik, übers. u. hg. v. Gernot Krapinger. Reclam, Stuttgart.

Ps.-Cicero (1994): Rhetorica ad Herennium, Lateinisch-Deutsch, übers. u. hg. v. Theodor Nüßlein. Artemis & Winkler, München u. a.

Cicero (1999): De inventione (Über die Auffindung des Stoffes) und De optimo genere oratorum (Über die beste Gattung von Rednern), Lateinisch-Deutsch, übers. u. hg. v. Theodor Nüßlein. Wissenschaftliche Buchgesellschaft, Darmstadt.

Cicero (1997): De oratore – Über den Redner, Lateinisch-Deutsch, übers. u. hg. v. Harald Merklin. Reclam, Stuttgart. 3., bibliogr. erg. Auflage.

Quintilianus, Marcus Fabius (1995): Ausbildung des Redners. Zwölf Bücher übers. u. hg. v. Helmut Rahn. Erster Teil, Buch I–VI. Wissenschaftliche Buchgesellschaft, Darmstadt.

Quintilianus, Marcus Fabius (1995): Ausbildung des Redners. Zwölf Bücher übers. u. hg. v. Helmut Rahn. Zweiter Teil, Buch VII–XII. Wissenschaftliche Buchgesellschaft, Darmstadt.

Gehirnforschung und Neurokommunikation

Joachim Bauer (2005): Warum ich fühle, was du fühlst – Intuitive Kommunikation und das Geheimnis der Spiegelneuronen. Hoffmann und Campe, Hamburg.

Damasio, Antonio R. (2000): Ich fühle, also bin ich. Die Entschlüsselung des Bewusstseins. List, München.

Damasio, Antonio R. (2003): Der Spinoza-Effekt. Wie Gefühle unser Leben bestimmen. List, München.

Domning Marc/Elger, Christian Erich/Rasel, André (2009): Neurokommunikation im Eventmarketing. Wie die Wirkung von Events neurowissenschaftlich planbar wird. Gabler, Wiesbaden.

Häusel, Hans-Georg (2003): Think Limbic! Die Macht des Unbewussten verstehen und nutzen für Motivation, Marketing, Management. Haufe, München.

Häusel, Hans-Georg (2004): Brain Script. Warum Kunden kaufen. Haufe, München.

Häusel, Hans-Georg (2009): Emotional Boosting. Die hohe Kunst der Kaufverführung. Haufe, München.

Hermann-Ruess, Anita (2006): Speak Limbic! Wirkungsvoll präsentieren. Präsentationen effektiv vorbereiten, überzeugend inszenieren und erfolgreich durchführen. Businessvillage, Göttingen.

Hermann-Ruess, Anita (2007): Speak Limbic! Das Ideenbuch für wirkungsvolle Präsentationen. Argumente, Formulierungen und Methoden, um alle anzusprechen. Businessvillage, Göttingen.

Hermann-Ruess, Anita (2007): Sell Limbic. Einfach verkaufen. Entdecken Sie täglich neue Verkaufspotenziale – werden Sie zum Spitzenverkäufer. Businessvillage, Göttingen.

Hermann-Ruess, Anita (2010): Wirkungsvoll präsentieren. Das Buch voller Ideen. Businessvillage, Göttingen (Sonderausgabe „Speak Limbic – das Ideenbuch" von 2007).

LeDoux, Joseph (2003): Das Netz der Persönlichkeit. Wie unser Selbst entsteht. Walter Verlag, Düsseldorf und Zürich.

Roth, Gerhard (2003): Aus Sicht des Gehirns. Suhrkamp, Berlin.

Roth, Gerhard (2007): Persönlichkeit, Entscheidung und Verhalten. Warum es so schwierig ist, sich und andere zu ändern. Klett-Cotta, Stuttgart.

Scheier, Christian/Held, Dirk (2006): Wie Werbung wirkt. Erkenntnisse des Neuromarketings. Haufe, München.

Scheier, Christian/Held, Dirk (2009): Was Marken erfolgreich macht. Neuropsychologie der Markenführung. Haufe, München.

Storch, Maja (2005): Das Geheimnis kluger Entscheidungen. Piper, München und Zürich.

Storch, Maja (2007): Mein Ich-Gewicht. Piper, München und Zürich.

Storch, Maja/Cantieni, Benita/Hüther, Gerald/Tschacher, Wolfgang (2006): Embodiment. Die Wechselwirkung von Körper und Psyche verstehen und nutzen. Huber, Bern.

Quellen

Canfield, Jack/Hansen, Victor (2006): Hühnersuppe für die Seele. Geschichten die das Herz erwärmen. Goldmann, München.

Kollenz, Wolfgang (1999): Die Kunst der Demotivation. Gabler, Wiesbaden.

Lasko, Wolf/Seim, Iris (1999): Die WOW-Präsentation. 72 Storys und Zitate für Ihren mitreißenden Auftritt. Gabler, Wiesbaden.

Loriot (1988): Loriots Klassiker mit Evelyn Hamann, Die Bundestagsrede. Audio CD, Deutsche Grammophon (Universal).

Medina, John (2009): Gehirn und Erfolg: 12 Regeln für Schule, Beruf und Alltag. Spektrum, Heidelberg.

Münchhausen, Marco/Trageser, Waltraud (2005): Die Metaphern-Kartei, Junfermann, Paderborn.

Nöllke, Matthias (2002): Anekdoten, Geschichten, Metaphern für Führungskräfte. Haufe, München.

Peseschkian, Nossrat (1979): Der Kaufmann und der Papagei. Orientalische Geschichten als Medien in der Psychotherapie. Mit Fallbeispielen zur Erziehung und Selbsthilfe. Fischer, Frankfurt a. M.

Reichel, Gerhard (2002): Der Indianer und die Grille. 238 Stories zum Nachdenken und Weitererzählen, Reichel Brigitte, Forchheim.

Sloterdijk, Peter (1983): Kritik der zynischen Vernunft. Suhrkamp, Berlin.

Strunz, Ulrich (2002): Die Diät. Heyne, München.

Stichwortverzeichnis